교과서에 살아 숨 쉬는
우리겨레 역사인물 100

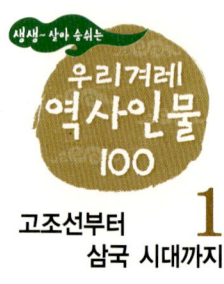

고조선부터 삼국 시대까지 1

펴낸날 2008년 11월 20일 1판 1쇄 | 2010년 4월 26일 1판 3쇄

글쓴이 드림나무 | 기획 Leebooks | 그린이 백명식
펴낸이 강진균 | 펴낸곳 삼성당 | 편집 주간 강유균
편집 책임 김혜정 | 편집 변지연 김지현 조정민 | 교열 책임 이교숙
디자인 책임 다빈치하우스 | 디자인 이혜경 안태현 | 제작 강현배
마케팅 변상섭 김경진 하주현 | 온라인 문주강 장동철
주소 서울시 강남구 논현동 101-14 삼성당빌딩 9층
대표 전화 (02)3443-2681 | 팩스 (02)3443-2683
홈페이지 www.ssdp.co.kr 쇼핑몰 www.ssdmall.co.kr
등록번호 제2-187호(1968년 10월 1일)
ISBN 978-89-14-01687-4 (74900)
　　　978-89-14-01707-9 (세트)

ⓒ 드림나무 2008

· 저자와의 협의에 따라 인지는 붙이지 않습니다.
· 이 책은 저작권법에 따라 보호받는 저작물이므로 무단전재와 무단복제를 금지하며,
  이 책 내용의 전부 또는 일부를 이용하려면 반드시 (주)삼성당의 서면 동의를 받아야 합니다.
· 파본은 바꾸어 드립니다.
· 사진 자료 출처 : 엔싸이버 포토박스(www.encyber.com), 삼성당 자료실

교과서에 살아 숨쉬는~

우리겨레 역사인물 100

1 고조선부터 삼국 시대까지

드림나무 글 | 백명식 그림

삼성당

머리말

인물로 알아보는 우리의 역사

　오랜 세월을 거쳐 우리 인간이 살아온 모습이나 환경, 인간의 행동으로 인해 일어난 사건, 사실을 기록한 것을 역사라고 합니다.
　우리나라는 무려 5000년의 오랜 세월의 역사를 가지고 있습니다.
　5000년을 지내 오면서 수많은 사람들이 나라를 세우고, 나라를 지키고, 나라를 발전시켜 온 것입니다.
　이 중에는 뛰어난 왕도 있고, 장군도 있습니다. 또 왕을 도와 나라의 기틀을 튼튼히 한 정치가도 있고 학자도 있으며 충신도 있습니다. 모두가 자신이 해야 할 일, 맡은 일에 충실하며 나라와 백성을 위해 힘쓴 사람들입니다.
　우리는 어떤 힘든 상황에서도 희망과 용기를 잃지 않고 나라와 백성들을 위해 살아온 사람들의 삶을 알아 둘 필요가 있습니다. 그 사람들의 삶 속에서 꼭 무엇을 배워야 한다기보다, 그들이 우리가 살고 있는 이 땅을 어떻게 만들고 지켜 왔으며 발전시켰는

지를 알아야 할 것입니다. 그리고 이 땅에서 태어나고 살아갈 우리의 후손들에게 어떻게 그들의 이야기를 전할 것인지도 미리 염두에 두어야 할 것입니다.

〈우리겨레 역사인물 100〉 1권은 단군이 어떻게 고조선을 세웠는지, 주몽이 어떻게 고구려를 세웠으며 신라와 백제는 어떻게 세웠는지, 또 각 나라가 누구에 의해 어떻게 부흥하고 어떤 일로 멸망하게 되었는지를 인물 중심으로 꾸몄습니다. 교과서를 중심으로 간추려 뽑은 20명의 인물들이 가진 일화를 재미난 동화로 꾸미고 역사적인 사건들과 그 시대에 없어서는 안 될 주요 인물들의 업적도 한눈에 보기 쉽게 요약했습니다.

그들이 살아온 과정을 통해 우리나라에 어떤 일이 있었는지, 역사의 한 페이지를 어떻게 장식했는지를 눈여겨봐 주세요. 역사를 이해하는 데 조금이나마 도움이 될 것입니다.

차례

머리말 인물로 알아보는 우리의 역사 ● 5

: 초등 사회과 탐구 6-1, 초등 사회 4-2
고조선의 첫 임금 **단군** ● 10
나라가 세워지기 전에는 어떻게 살았을까 | 고조선을 세우다 | 팔조금법을 만들다

: 초등 사회과 탐구 5-2, 6-1
고구려를 세운 **동명성왕** ● 18
금와왕 탄생 설화 | 아들 유리가 찾아오다

: 초등 사회과 탐구 5-2, 6-1
신라를 세운 **박혁거세** ● 26
알영 설화 | 도덕의 나라 | 황금 자 금척릉에 묻다

: 초등 사회과 탐구 6-1
백제를 세운 **온조왕** ● 34
비류 설화 | 돌무지무덤

: 초등 사회과 탐구 6-1
알에서 태어난 **김수로왕** ● 42
허황옥이 오다 | 파사 석탑 | 6가야 | 철기문화를 일으키다

: 초등 사회과 탐구 6-1
머슴 살던 을불 미천왕 ● 50
을불, 소금을 팔다 | 창조리의 거사 | 모용선비와의 대결

: 초등 사회과 탐구 6-1
고구려 땅을 넓힌 위대한 왕 광개토대왕 ● 58
백제의 관미성을 함락시키다 | 후연의 멸망 | 광개토대왕릉비

: 초등 사회과 탐구 6-1
백제의 전성시대를 이룬 근초고왕 ● 66
백제와 고구려의 전투 | 칠지도 | 일본으로의 문화 전파

: 초등 사회과 탐구 6-1
신라의 충신 박제상 ● 74
망부석 전설 | 치술령곡 | 볼모로 잡혀간 복호와 미사흔

: 초등 사회과 탐구 6-1, 중등 국사
고구려의 명장 을지문덕 ● 82
수나라의 해군을 물리친 고건무 | 수와 고구려의 관계 | 여수장우중문시

차례

: 초등 사회과 탐구 6-1, 중등 국사

당나라에 맞서 싸운 연개소문 ● 90

천리장성 | 보장왕 옹립 | 아들들의 난

: 초등 사회과 탐구 6-1

목숨을 바쳐 불교를 공인시킨 이차돈 ● 98

신라에 온 불교 | 흥륜사

: 초등 사회 4-2

백제 문화를 꽃피운 무령왕 ● 106

무령왕릉 | 청동거울 | 담로제 | 일본서기

: 중등 국사

백제 부흥을 꿈꾼 성왕 ● 114

고구려의 위기 | 신라의 배신 | 태자의 삼년상

: 초등 사회 4-2, 초등 사회과 탐구 6-1

신라를 강대국으로 만든 진흥왕 ● 122

신라의 힘 화랑도 | 순수비를 세우다

: 초등 사회과 탐구 6-1

가야고를 만든 **우륵** ● 130

가야금은 가실왕이 만들었을까? | 대가야와 신라의 혼인동맹 | 가야의 가야금이 신라의 가야금이 되기까지

: 초등 사회과 탐구 6-1

하늘을 연 우리나라 최초의 여왕 **선덕여왕** ● 138

백제와 고구려의 위협 | 당나라와 손을 잡다 | 상대등 비담의 반란

: 초등 사회과 탐구 6-1, 초등 읽기 6-1

삼국통일의 명장 **김유신** ● 146

천관사를 짓다 | 태대각간의 자리에 오르다 | 당나라와의 전쟁

: 중등 국사

불교의 대중화를 이끈 **원효** ● 154

해골물을 마시고 얻은 깨달음 | 요석공주와의 만남 | 의상 이야기

: 초등 사회 4-2, 중등 국사

백제 마지막 명장 **계백** ● 162

의자왕의 실정과 충신들의 죽음 | 황산벌 전투 | 낙화암과 삼천 궁녀

부록 역사 속의 산책 ● 170

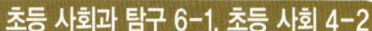

초등 사회과 탐구 6-1, 초등 사회 4-2

고조선의 첫 임금
단군

환웅이 다스리는 신시 가까운 곳에 동굴이 하나 있었습니다. 그 속에는 호랑이와 곰이 함께 살고 있었습니다.

"환웅님은 못 하는 것이 없대. 병도 낫게 하고 비도 오게 한다지. 그게 다 하늘님의 아들이기 때문이야. 우리도 인간이 되게 해 달라고 소원을 빌어 보자."

"글쎄, 그게 될까?"

곰이 먼저 동굴을 나섰습니다. 호랑이는 저도 모르게 곰을 따라나섰습니다.

곰과 호랑이는 신시로 가서 환웅을 만났습니다.

"환웅님, 저희는 인간이 되고 싶습니다. 제발 인간이 되게 해 주세요."

곰이 빌었습니다. 호랑이도 고개를 수그리며 빌었습니다.

"인간이 되어 무엇 하려고?"

"행복해지고 싶습니다."

"동물이라 행복하지 않다?"

"그, 그것이 아니라……."

"인간은 고통스럽다. 많은 것을 생각하고 많은 일을 해야 하지. 동물처럼 혼자 살 수 없어. 옆에 있는 사람과 함께 더불어 살아야 하지. 그것 때문에 서로 다투고 불행해질 수 있다. 그런데도 인간이 되고 싶으냐?"

환웅의 말에 곰과 호랑이는 고개를 끄덕였습니다.

"네, 인간이 되고 싶습니다. 제발 인간이 되게 도와주십시오."

곰은 두 발을 비비며 빌었습니다.

"좋다. 그럼 너희들이 살고 있는 동굴로 돌아가 이것을 먹고 100일 동안 햇빛을 보지 말거라. 100일 동안의 고통을 이겨 내고 인내한다면 인간이 될 수 있을 것이다."

환웅은 곰과 호랑이 발치에 쑥과 마늘을 던져 주고 사라졌습니다.

호랑이는 입이 쩍 벌어졌습니다.

"우리는 동물이야. 고기를 먹고 배불리 먹어도 모자랄 판에 쑥이랑 마늘이라니!"

호랑이는 눈을 크게 떴습니다.

"어서 가자."

곰은 쑥과 마늘을 들고 일어섰습니다.

동굴로 돌아온 호랑이는 쑥과 마늘을 보며 한숨을 쉬었습니다.

"인간이 되려면 이쯤은 참아야 해. 아마 환웅님은 인간이 되어서 겪어야 할 고통을 이겨 내라고 우리에게 쑥과 마늘을 주셨는지도 몰라."

곰은 쑥을 물어뜯었습니다. 쑥향이 입속에 퍼지자 구역질이 나려 했습니다.

"흥, 그것 봐. 우린 절대로 이런 것만 먹고는 살 수 없어. 게다가 햇빛도 보지 못하다니."

호랑이는 투덜댔지만 사람이 되고 싶은 마음에 마늘 한 쪽을 입에 넣었습니다. 하지만 마늘향 때문에 숨이 탁 막혔습니다.

곰과 호랑이는 환웅이 준 쑥과 마늘을 먹으며 하루하루를 견디었습니다. 배가 고프면 쑥과 마늘을 먹었습니다. 햇볕을 쬐고 싶고, 들을 마음껏 뛰어다니고 싶기도 했지만 꾹 참았습니다. 곰과 호랑이는 100일이 될 때까지 고통을 참아내 꼭 인간이 되고 싶었습니다. 그러나 호랑이는 100일을 채 견디지 못하고 굴 밖으로 뛰쳐나갔습니다.

"더 이상 못 참아. 못 참겠어."

호랑이가 사라지고 난 동굴은 더욱 어둡고 외로웠습니다. 하지만 곰은 남은 시간을 끈기 있게 견뎌 냈습니다.

"오늘이 꼭 100일째야. 그런데 왜 몸에 변화가 없지?"

곰은 조심조심 동굴 밖으로 나왔습니다. 눈부신 햇살에 저절로 눈살이 찌푸려졌습니다. 곰은 근처의 강으로 갔습니다. 100일 동안 물을 마시지 못해서 몹시 목이 탔습니다. 곰은 강물에 고개를 쳐 박고 벌컥벌컥 물을 마셨습니다. 그러다 깜짝 놀라 고개를 들었습니다. 온몸을 감싸고 있던 털은 온데간데없고 긴 머리털을 가진 여자가 강물에 비쳤기 때문입니다.

"이, 이게 난가?"

곰은 자신의 얼굴을 만져 보았습니다. 매끌매끌한 피부가 만져졌습니다. 곰은 자기도 모르게 웃음이 터져 나왔습니다.

"하하하, 인간이 됐어. 인간이!"

곰은 덩실덩실 춤을 추며 숲을 돌아다녔습니다. 그러나 기쁨도 잠시였습니다. 함께 이야기를 나눌 사람이 없어 외로웠습니다. 사람이 된 곰, 웅녀는 다시 환웅을 찾아가 함께 살 사람을 찾게 해 달라고 빌었습니다.

환웅은 외로워하는 웅녀를 위해 그녀와 결혼했습니다. 결혼을 한 웅녀는 곧 아이를 낳았습니다. 그가 바로 '단군왕검' 입니다.

단군

? ~ ?
우리 민족의 시조. 단군왕검, 단웅천왕이라고 불림
고조선을 세운 첫 임금

단군은 우리 한민족이 시조로 모시는 고조선의 첫 임금입니다.

삼국유사나 제왕운기, 세종실록지리지 등에 실린 단군신화에 따르면 단군은 하늘을 다스리는 환인의 손자로 기원전 2333년 평양성에 도읍을 정하고 조선을 세웠습니다. 단군은 이어 백악산의 아사달로 도읍을 옮기고 그곳을 궁홀산 또는 금미달이라 했습니다.

단군

1500년 동안 조선을 다스리고 주나라의 호왕이 즉위한 기묘년에 기자를 조선의 임금으로 봉하고 산신이 되었습니다. 그때의 나이가 1,908세였다고 전해지고 있습니다.

단군왕검은 아버지인 환웅으로부터 인간을 널리 이롭게 한다는 뜻의 '홍익인간' 사상을 이어받아 나라를 다스렸습니다. 또 '팔조금법'이라는 엄한 법을 만들어 백성들을 다스렸습니다.

단군을 시조로 알고 숭배하기 시작한 것은 고려 때부터입니다. 조선 시대에 이르러 세종실록지리지, 제왕운기 등의 책들이 편찬되면서 단군왕검이 재조명되었습니다. 그러나 단군왕검에 대한 문제를 다룰 때는 우선 삼국유사에 실린 기록을 먼저 인용하며 거기에 더 많은 신빙성을 두고 있습니다.

그 시대엔 또 무슨 일이 있었을까?

나라가 세워지기 전에는 어떻게 살았을까

지금으로부터 약 70만 년 전, 한반도는 거친 풀과 나무로 뒤덮여 있었습니다. 사람들은 밤낮으로 무서운 맹수를 피해 다녀야 했으며, 늘 부족한 음식 때문에 배를 곯아야 했습니다. 한곳에 정착하지 못하고 떠돌아다니며 그때그때 먹을 것을 찾아 먹어야 하는 원시적인 삶을 살았습니다.

이런 생활환경 때문에 석기 시대 때의 사람들은 사냥술이 뛰어났습니다. 돌멩이를 떼어 내거나 깨트려 만든 뗀석기로 사냥을 하고, 나무 열매를 따서 배고픔을 달랬습니다. 또, 들짐승의 고기를 불에 익혀 먹고 추위도 막았습니다.

신석기 시대에 들어서면서 사람들은 한곳에 정착하여 사는 법을 알게 되었습니다. 동굴 속에 집을 짓고 숲과 강에서 먹을 것을 구했습니다. 가축을 기르고 농사를 시으면서 재산을 불리기 시작했습니다. 창고에 차 있는 곡식과 고기의 양은 곧 사람의 신분을 나타내게 되었습니다. 청동기, 철기 시대를 거치면서 사람들은 무기를 만들고 힘을 키워 다른 부족들을 침략하거나 힘을 합쳐 함께 살아가기 시작했습니다.

고조선을 세우다

고조선은 우리나라 최초의 국가

▼ **선사 시대 유적**
서울 암사동 신석기 시대 움집 복원 모습.

로 환웅의 아들 단군이 세웠다고 전해지고 있습니다. 단군은 기원전 2333년 평양성에 도읍을 정하고 나라 이름을 조선이라고 지었습니다. 중국의 요동과 한반도 서북부 지역에 자리 잡았으며, 위만이 집권한 이후 강력한 힘을 가진 국가로 성장했지만 기원전 108년 중국 한나라에 의해 멸망하게 되었습니다.

훗날, 학자들은 이성계가 세운 조선과 구분하기 위해 단군이 세운 조선 앞에 옛 '고' 자를 붙여 고조선이라고 부르게 되었습니다.

▲ 단군 영정
단군의 화상은 천신의 가르침을 받은 신라의 화가 솔거가 꿈속에 나타난 단군에게서 신필을 받아 그렸다는 전설이 있다.

팔조금법을 만들다

단군은 나라를 다스리기 위해 8가지의 법을 만들었습니다. 오늘날에는 아쉽게도 8개의 법 중에서 3개만이 전해지고 있습니다. 중국의 반고가 지은 〈한서지리지〉에 따르면,

첫째, 사람을 죽인 자는 사형에 처한다.

둘째, 남에게 상처를 입힌 사람은 곡물로 배상한다.

셋째, 남의 물건을 훔친 자는 노예로 쓴다. 단, 노예를 면하고자 할 때는 50만 전을 내야 한다.

이런 팔조금법을 보면 고조선 사회는 인간의 생명을 소중하게 여기고, 기본 생활과 개인의 재산을 중요하게 생각했다는 것을 알 수 있습니다. 또, 노예라는 말이 나오는 것을 보면 신분 차이가 있었으며 이미 화폐를 사용하고 있었음을 알 수 있습니다.

알아 두세요

환웅(?~?)

　단군왕검의 아버지로 알려져 있는 인물로 하늘을 다스리던 환인의 아들입니다. 천제자, 천왕, 천왕랑이라고 불리기도 합니다. 환인으로부터 천부인을 받아 그를 따르던 3,000여 명의 무리를 거느리고 세상에 내려왔습니다.

　신단수를 통해 하늘에서 내려온 환웅은 곡穀, 명命, 병病, 형刑, 선善, 악惡 등 인간의 360여 가지 일을 맡아서 세상을 다스리고 인간을 가르쳤습니다.

풍백, 우사, 운사(?~?)

　환웅과 함께 하늘에서 온 신으로 풍백은 바람의 신, 우사는 비의 신, 운사는 구름의 신입니다. 이들은 환웅과 함께 인간에게 필요한 360여 가지의 일을 돌보았습니다.

▼ 단군 성전
우리나라의 시조인 단군을 모신 사당이다. 단군의 화상을 봉안하고 해마다 개천절에 단군제를 지내고 있다.

개천절

　우리 민족의 시조인 단군이 개국한 날을 기념하는 국경일입니다. 1949년 10월 1일 '국경일에 관한 법률'을 제정하고 공포하여 이 날을 개천절로 정하고 국경일로 했습니다. '개천'의 본래 뜻은 단군조선의 건국일을 뜻한다기보다는 환웅이 천신인 환인의 뜻을 받아 처음으로 하늘의 문을 열고 태백산 신단수 아래로 내려와 홍익

인간, 이화세계의 대업을 시작한 기원전 2457년 음력 10월 3일을 뜻합니다.

신단수

단군신화에 나오는 신성한 나무로 하늘에서 환웅이 땅으로 내려올 때 이 나무를 통해 내려왔다고 전해지고 있습니다.

신단수는 하늘과 땅을 연결해 주는 성스러운 것으로, 땅 위의 사람이 하늘을 향해 제를 올릴 때 이곳에서 제를 올립니다. 신읍, 신시로 불리며 보통 삼림의 정상에 있습니다. 삼한 시대에는 각 읍락에도 제단을 마련했는데 그 속에 세웠던 솟대도 신단수에서 비롯된 것이며, 현재에도 각 부락의 당산과 길가에 있는 서낭당도 이 신단수에서 전해진 풍습입니다.

▲ 참성단
마니산에 있으며 단군이 하늘에 제사를 올리기 위해 쌓은 제단이라고 전한다. 여러 번 고쳐서 쌓았기 때문에 본래의 모습은 찾아볼 수 없다.

천부인

하느님의 아들이라는 징표로 환웅이 땅으로 내려올 때 아버지인 하느님에게 받은 물건입니다. 〈삼국유사〉에 따르면 천부인은 청동으로 만든 거울과 칼, 방울이라고 전해지고 있습니다.

초등 사회과 탐구 5-2, 6-1

고구려를 세운
동명성왕

사냥 대회가 열렸습니다.

나라 구석구석으로 음악소리가 울려 퍼지자 대회에 참가하려는 사람들이 몰려들었습니다. 그 속에는 금와왕의 아들 대소를 비롯한 일곱 왕자가 끼어 있었습니다. 주몽과 오이, 마리, 협보도 사람들 틈에 끼어들었습니다.

"형님, 오늘은 노루를 한 열 마리쯤 잡읍시다."

"에끼! 노루 가지고 되겠느냐. 주몽 왕자님 솜씨라면 멧돼지 열 마리도 끄덕 없다!"

"하하하, 그럼 이번 사냥 대회에서는 우리가 일등을 하겠군요. 상금으로 무얼 받을까?"

마침내 사냥 대회 시작을 알리는 나팔 소리가 들려왔습니다. 사람들이 우르르 숲으로 들어갔습니다. 일곱 왕자들도 뒤질세라 숲으로 들어갔습니다. 오이와 마리, 협보, 주몽도 숲으로 들어갔습니다.

"노루다!"

인기척에 놀란 노루가 도망치기 시작했습니다. 주몽은 재빨리 화살을 꺼내 노루를 향해 쏘았습니다. 화살은 여지없이 노루의 엉덩이에 꽂혔습니다.

"명중이다!"

오이가 달려가 노루를 들쳐맸습니다.

"멧돼지다!"

멀리서 멧돼지가 나타났다는 소리가 들려왔습니다.

"형님, 멧돼지랍니다요. 우리가 빠지면 안 되죠!"

네 사람은 소리가 들리는 쪽으로 달려갔습니다. 사람들에게 쫓기던 멧돼지가 날뛰는 게 보였습니다. 멧돼지는 갑자기 나타난 네 사람을 향해 돌진해 왔습니다. 커다란 몸집에 놀란 오이와 마리, 협보는 줄행랑을 놓았습니다.

"아이구, 사람 죽겠네!"

주몽은 콧바람을 쉭쉭 내뿜으며 달려오는 멧돼지를 가만히 노려보다 화살을 뽑아들었습니다. 숨을 죽여 활을 겨눈 주몽은 멧돼지가 가까이 오기를 기다려 시위를 놓았습니다. 화살이 날아가더니 멧돼지의 이마에 꽂혔습니다. 순간 멧돼지는 맥을 못 추고 픽 쓰러졌습니다.

"우와, 주몽 왕자님 만세!"

어느새 모여든 사람들이 환호성을 질렀습니다. 사람들은 주몽의 기개에 박수를 치며 기쁨을 함께 나누었습니다.

그때 일곱 왕자가 나타났습니다.

"흥, 거짓말 말아라. 저깟 놈이 어떻게 멧돼지를 잡아."
"저 멧돼지는 분명히 우리 주몽 왕자님이 잡으셨습니다."
협보가 칼을 뽑아들며 소리쳤습니다. 그러자 대소 왕자를 따르던 군사들이 달려와 협보를 에워쌌습니다.
"그 자를 나무에 묶어라. 나머지 저 두 놈도 묶고 주몽도 묶어라. 이참에 호랑이 밥이 되라지."
대소 왕자의 명령을 받은 군사들은 오이와 마리, 협보, 주몽을 나무에 묶어 버렸습니다.
어느새 밤이 되었습니다. 날씨는 추워지고 멀리서 맹수의 울음소리가 들려왔습니다.
"이러다 진짜 호랑이 밥이 되는 거 아니야?"
"얼마 전에도 호랑이가 나타나 사람을 물어갔다는데."
오이와 마리 협보는 두려움에 떨었습니다.
"서로 다투지 않고 지냈으면 좋으련만. 그 태자 자리가 무엇이기에……."
주몽은 멀리 보이는 궁을 쳐다보며 한숨만 쉬었습니다.
"그만 돌아가자, 춥다."
주몽은 끄응 힘을 주어 묶여 있던 나무를 뿌리째 뽑아 버렸습니다.
"아니, 왕자님! 그런 힘이 있다면 진작 쓰시지."
"허허허. 이 녀석아, 생각 좀 하느라고 바빠 그랬다."
주몽은 빙그레 웃으며 오이, 마리, 협보가 묶여 있는 나무도 뽑아 주었습니다. 네 사람은 나무를 통째로 짊어지고 궁을 향해 걷기 시작했습니다. 이것을 본 왕자들은 주몽의 보복이 두려워 더욱더 심하게 주몽을 괴롭혔습니다.
주몽은 금와왕의 일곱 왕자들의 등쌀에 못 이겨 부여를 떠나기로 했습니다. 주몽은 오이와 마리, 협보와 함께 부여를 떠나 고구려라는 나라를 세웠습니다. 그곳에서 주몽은 세 친구와 함께 자신의 뜻을 크게 펼치기 시작했습니다.

동명성왕

- 기원전 58 ~ 기원전 19
- 성은 고씨, 이름은 주몽. 별칭으로 추모, 상해, 도모, 동명왕이 있음
- 고구려를 세운 시조로 고구려의 첫 임금

　동명성왕은 유화가 낳은 해모수의 아들입니다. 유화가 알을 낳자 금와왕은 나라에 큰 재앙이 닥칠 것을 우려해 알을 없애려 했습니다. 버려진 알은 깨지지도, 동물들이 먹지도 않았습니다. 하는 수 없이 유화에게 알을 돌려주자, 곧 알이 깨지고 동명성왕이 태어났습니다. 동명성왕은 어렸을 때부터 영특하고 활쏘기와 무예 실력이 남달랐습니다. 일곱 살 되던 해에 직접 활과 화살을 만들어 활쏘기를 연습할 정도였습니다. 동명성왕

고구려인의 용맹스런 말 타기와 활쏘기

의 활쏘기 실력은 백발백중으로 시위를 당겨 한 번도 실패한 적이 없었습니다. 그래서 금와왕은 '활을 잘 쏘는 사람'이라는 뜻으로 '주몽'이라는 이름을 지어 주었습니다. 이때부터 동명성왕은 주몽이라 불리게 되었습니다.

　주몽은 부여를 떠나 졸본부여로 건너가 비류국 근처에 고구려를 세웠습니다. 그곳은 높은 산과 계곡이 많았지만 하천이 많아 땅이 기름졌습니다. 오이와 마리, 협보와 함께 고구려와 가까이 있는 작은 나라부터 치기 시작해 가장 강력한 비류국까지 차지했습니다. 동명성왕은 비류국을 '다물도'라고 부르고 송양왕(원래 비류국을 다스리던 왕)으로 하여금 직접 나라를 다스리게 했습니다. 이듬해에는 오이와 부분노를 시켜 북옥저를 치게 하여 성읍으로 삼았습니다. 이어서 부위염을 시켜 북옥저를 멸망시켰으며 주변의 여러 성읍 국가를 정복하여 고구려의 기틀을 마련했습니다.

그 시대엔 또 무슨 일이 있었을까?

금와왕 탄생 설화

금와왕은 부여의 왕 해부루의 아들입니다. 해부루에게는 늙도록 아들이 없어 매일같이 하늘과 가깝고 기운이 좋은 곳을 찾아다니며 아들을 갖게 해 달라고 빌었습니다.

그러던 어느 날, 해부루가 곤연이라는 곳을 지나게 되었는데 타고 있던 말이 커다란 돌을 향해 머리를 조아리며 움직이려 하지 않았습니다. 해부루는 사람을 시켜 돌을 치워 버리려 했지만 돌은 꼼짝도 하지 않았습니다. 해부루가 직접 말에서 내려와 돌을 밀자 돌은 가볍게 밀려났습니다. 그런데 신기하게도 돌 밑에서 금빛으로 빛나는 아이가 나왔습니다. 아이의 얼굴은 마치 개구리를 닮아 있었습니다. 해부루는 아이의 이름을 '금와'라 짓고 그가 자라자 태자로 삼아 자신의 뒤를 잇게 했습니다.

해부루는 나라의 재상인 아란불(동부여의 국상으로 하늘의 계시를 받고 임금에게 권하여 국토를 옮기게 하였다고 전해지는 인물)이 권하는 대로 해모수를 피해 동해에 가까운 가섭원으로 옮기고 나라 이름을 동부여라 지었습니다. 훗날 유화를 만나 주몽을 키우게 됩니다.

아들 유리가 찾아오다

고구려 2대 왕인 유리왕은 주몽과 예씨부인 사이에서 태어났습니다. 유리는 어렸을 때부터 새총 쏘는 것을 좋아했습니다. 어느 날, 새총으로 참새를 맞추려던 것이 그만 물 긷는 여자의 물동이를 맞히고 말았습니다. 여자는 아비 없이 자랐기 때문에 예의도 모르는 천방지축이라며 유리를 무시했습니다. 유리는 아버지가 없다는 것이 부끄러웠습니다.

집으로 돌아온 유리는 어머니 예 씨에게 아버지는 누구이며, 어디에 있는지 물었습니다. 예 씨는 유리에게 아버지의 존재를 더 이상 감출 수 없음을 깨닫고 주몽이 남겼던 수수께끼를 냈습니다.

유리는 '일곱 모가 난 돌 위 소나무 밑에 감추어 둔 징표'를 찾아 온 숲을 뒤지고 다녔습니다. 그러나 끝내 유물을 찾을 수 없었습니다.

마루에 앉아 한숨짓던 유리는 대들보가 소나무로 만들어졌다는 것을 알게 되었습니다. 대들보를 받치고 있는 돌도 일곱 모가 난 돌이었습니다. 그 밑을 살펴보니 과연 아버지의 징표인 칼 반자루가 있었습니다. 유리는 그것을 들고 어머니와 함께 아버지를 찾아갔습니다. 유리가 끊어진 칼 반쪽을 보여 주며 자신이 동명성왕의 아들임을 주장하자 주몽 역시 나머지 칼 반쪽을 꺼내 맞추며 자신의 아들임을 확인했습니다. 주몽은 서슴없이 유리를 태자로 삼았습니다. 유리는 주몽이 죽자 곧 그 뒤를 이어 왕이 되었습니다.

▼ 덕흥리 고구려 고분 벽화 견우 직녀도
은하수를 가운데 두고 앞에는 견우, 뒤에는 직녀가 발로 은하수를 밟고 있는 벽화가 그려져 있다.

알아 두세요

해모수(?~?)
　북부여의 시조로, 흘슬골성에 서울을 정하고 나라를 세운 뒤 스스로 하늘의 아들이라고 했습니다. 유화와 결혼하여 동명성왕을 낳았습니다.

유화(?~?)
　동명성왕의 어머니로 강의 신 하백의 딸입니다. 동생들과 함께 청하(지금의 압록강)에서 놀다가 해모수를 만나 결혼하게 됩니다. 아버지 허락 없이 결혼했다는 이유로 쫓겨나 태백산 남쪽 우발수에서 살다가 금와왕의 눈에 띄어 금와왕의 궁궐로 가게 되었습니다. 그곳에서 커다란 알을 낳았는데, 그 속에서 동명성왕이 태어났다고 전해집니다.

하백(?~?)
　강물의 신으로 고구려 시조 동명성왕의 외할아버지입니다. 유화, 훤화, 위화 세 딸을 두었으나 첫째 딸인 유화가 아버지의 허락 없이 결혼하자 태백산으로 쫓아 버렸습니다.

▲ 백두산 천지
백두대간은 한국의 기본 산줄기로서 모든 산들이 여기서 뻗어내렸다 하여 예로부터 성산으로 숭배하였다. 또 단군이 태어난 성지로 신성시해 왔다.

오이, 마리, 협보(?~?)
　주몽이 부여를 떠날 때 함께 했던 친구들로 고구려를 세우는 일을 도왔습니다. 오이는 기원전 33년에 행인국을 공격하여 성읍을 세우는 데 큰 몫을 했습니다.

▲ 동명왕릉
427년 고구려가 평양으로 천도하면서 함께 옮겨 왔다고 전해지는 고구려의 시조 동명성왕의 무덤이다. 북한의 국보 문화유물 제36호.

부분노(?~?)

고구려 초기의 장군으로 오이와 함께 행인국을 정벌하고 그곳을 성읍으로 삼았습니다. 기원전 9년에는 고구려의 변방을 괴롭히는 선비족들을 쳐서 항복을 받아내기도 했습니다. 그 공으로 부분노에게 정복한 땅을 내 주었으나 거절하자, 대신 황금과 좋은 말을 선물로 주었습니다.

행인국

백두산 남동쪽에 있던 고대국가로 동명성왕이 고구려를 건국할 때, 고구려의 장수 오이와 부분노에 의해 멸망한 나라입니다.

초등 사회과 탐구 5-2, 6-1

신라를 세운
박혁거세

"이게 도대체 무슨 일이랍니까?"
여섯 마을 촌장들이 알천으로 모여들었습니다.
"일이 급하게 됐습니다. 여섯 마을이 모두 큰 혼란에 빠졌어요."
"당연하지요. 지도자가 없으니 백성들이 혼란스러워하는 것은 당연합니다."
여섯 마을의 촌장들은 언덕에 둘러앉아 하루라도 빨리 왕을 세우고 도읍 정할 것을 의논했습니다.
그때였습니다. 양산 밑에 있는 나정(우물)으로 밝은 빛이 쏟아졌습니다.
"저 빛을 좀 보시오. 꼭 하늘에서 저 우물을 비추는 것 같소."
"그렇습니다. 저처럼 신비로운 빛은 처음 보는 걸요."
여섯 마을의 촌장들은 누구라 할 것 없이 나정으로 달려갔습니다. 나정에는 흰 말 한 마리가 꿇어 앉아 있었습니다. 말은 고개를 수그리고 깊게 절을 했습니다.
"신기한 말이로다. 말이 절을 하다니!"
여섯 마을의 촌장들은 말이 절을 하는 곳으로 다가갔습니다.
"저 알 좀 보시오. 저렇게 큰 알이 있다니!"
고허촌의 소벌공이 흰 말 앞에 있는 박처럼 기름한 알을 가리켰습니다.
"원 세상에! 그렇다면 말이 저 알한테 절을 했단 말입니까?"
"예삿일이 아니에요."
여섯 마을의 촌장들은 눈앞에서 벌어진 신기한 일에 어찌할 바를 몰라했습니다. 그 순간 꿇어 앉아 있던 말이 일어나 하늘로 날아가 버렸습니다.
"저, 저런 일이!"

"왕을 바라는 우리의 간절한 마음이 하늘에 닿은 게 분명합니다. 하늘이 우리에게 세상에 다시 없을 훌륭한 왕을 주신 거요."

소벌공은 알쪽으로 다가갔습니다. 나머지 촌장들도 알을 향해 모였습니다. 촌장들이 알을 빙 둘러싸자 알이 흔들리기 시작했습니다. 깜짝 놀란 촌장들이 한 걸음 물러나자 알이 쩍 갈라지며 눈부신 빛이 쏟아져 나왔습니다.

"으익!"

촌장들은 눈을 가리면서도 알 속에서 무엇이 나오는지 궁금해 고개를 돌리지 못했습니다.

"아, 아기요!"
누군가가 소리쳤습니다.
"아기라고?"
소벌공이 놀라 깨진 알 속을 들여다보았습니다. 정말 알 속에는 발가벗은 사내아이가 들어 있었습니다. 아이는 울지도 않고 방글방글 웃고 있었습니다.
"불길한 징조가 아닐까요? 동물이나 태어날 법한 알에서 사람이라니오."
"아닙니다. 하얀 말이 하늘에서 내려와 알을 향해 절을 하고 다시 하늘로 날아가지 않았소. 그것만 보더라도 이는 분명 하늘에서 우리에게 왕을 내린 것이오. 이 아이가 자라면 분명히 훌륭한 왕이 될 것입니다."
소벌공은 아이를 들어 올렸습니다. 사내아이는 배냇짓을 하며 싱긋 웃었습니다. 웃는 모습이 매우 인자하고 평화로워 보였습니다.
"척 보기에도 성품이 뛰어난 아이 같습니다. 웃는 모습을 좀 보시오. 세상을 다 얻은 듯 평화로워 보이지 않소?"
다섯 촌장들은 소벌공이 안은 아이를 들여다보았습니다. 초롱초롱한 눈으로 촌장들의 얼굴을 똑바로 쳐다보는 게 무척 영특해 보였습니다.
"소벌공이 이 아이를 데려다 키우는 게 어떻겠습니까? 훗날 왕의 재목이 될 것인지 아닌지는 나중에 보면 알게 될 것입니다."
"좋습니다. 박처럼 기름한 알에서 태어났으니 성을 박씨라 하고, 빛이 세상을 비추었다는 뜻으로 이름을 혁거세라고 합시다."
"박혁거세, 좋습니다."
소벌공은 박혁거세를 집으로 데려와 성심성의껏 키웠습니다. 박혁거세는 준수한 외모를 가진 영특한 청년으로 자랐습니다. 박혁거세는 평소 사리판단이 정확하고 성품이 인자해 주위의 모든 사람들로 하여금 칭찬을 받았고, 여섯 촌장의 총애를 받으며 13세의 어린 나이에 왕이 되었습니다.

박혁거세

- 기원전 69~기원후 4
- 성은 박씨, 휘는 혁거세
- 신라를 세운 첫 임금

우리나라 박씨의 시조인 박혁거세는 13세의 나이에 양산촌, 고허촌, 진지촌, 대수촌, 가리촌, 고야촌으로 나뉘어 있던 6부를 통합하고 왕이 되었습니다. 국호를 서라벌이라고 했으며 훗날 신라가 세워지는 데 큰 기반을 다진 신라 최초의 왕입니다. 박혁거세는 왕비인 알영과 함께 나라 곳곳을 돌아다니며 백성들을 상대로 농사와 누에치기를 권장하며 백성들을 극진히 살폈습니다.

김씨의 시조 김알지가 태어난 전설이 있는 숲, 경주 계림

기원전 37년에는 서울에 성을 쌓아 금성이라 이름 짓고, 32년에는 금성에 궁궐을 지었습니다.

박혁거세는 '거서간'이라는 왕호를 썼습니다. 거서간은 진한의 말로 '왕 또는 귀한 사람'을 가리키는 말입니다. 왕호는 1대에 한하며 그의 후세인 남해왕은 차차웅, 3~16대는 이사금, 17~21대는 마립간, 그리고 22대 지증왕부터 왕이라는 호칭을 사용했습니다.

〈삼국유사〉에 따르면 61년 동안 나라를 다스렸던 박혁거세가 죽자 놀랍게도 그의 몸이 5개로 분리되었다고 합니다. 놀란 사람들이 몸을 한데 묻으려고 하자 큰 뱀이 나타나 그것을 방해했습니다. 사람들은 5개로 나뉜 몸을 따로따로 5개의 능에 나누어 묻고 제사를 지냈습니다. 이 5개의 능이 바로 경주시 탑동에 있는 오릉, 혹은 사릉입니다.

그 시대엔 또 무슨 일이 있었을까?

알영 설화

　모량리에 있는 알영이라는 우물가에 한 마리의 용이 나타났습니다. 용은 옆구리에서 아이를 낳고 사라져 버렸습니다. 그것을 지켜보던 한 노파가 조심스레 다가가 보니 모습은 예쁘게 생겼으나 입술이 닭의 부리처럼 생긴 여자 아이가 있었습니다.

▼ **신라 왕경의 월성복원도**
이 성은 그 형태가 반달과 같다 하여 반월성이라고도 하고, 왕이 계신 곳이라 하여 재성이라고도 한다.

노파는 월성의 북쪽에 있는 냇가로 데려가 여자 아이를 씻겼습니다. 그러자 여자 아이의 입술에 달린 부리가 떨어져 나가고 고운 입술이 드러났습니다. 노파는 여자 아이의 이름을 알영이라 짓고 고이 키웠습니다. 어질고 아름답게 자란 알영은 훗날 박혁거세의 아내가 되었습니다.

▲ 박혁거세릉
오릉으로서 경북 경주시 탑동에 있는 능묘.

도덕의 나라

기원전 28년 낙랑군이 박혁거세가 다스리는 신라로 쳐들어왔습니다. 으슥한 밤, 국경 근처의 한 마을에 도착한 낙랑군은 들에 널려 있는 곡식 더미를 보고 깜짝 놀랐습니다. 집집마다 대문이 열려 있고 들판이며 마당에는 곡식 더미가 쌓여 있었습니다.

이것을 본 낙랑군은 신라를 '도덕의 나라' 라 칭하고 도둑 없는 신라에 도둑질을 하러 온 자신들을 부끄러워하며 돌아갔다는 이야기가 전해지고 있습니다.

황금 자 금척릉에 묻다

신라에는 황금으로 된 자가 유물로 전해지고 있었습니다. 박혁거세가 꿈속에서 나타난 한 신선에게 받은 물건인데, 신라 대대로 내려오며 백성들의 안녕을 지켜 주는 신물이었습니다. 그런데 훗날 당나라에서 사신을 보내 황금 자를 빼앗으려 하자, 신라의 왕이 크고 작은 30여 개의 무덤을 만들고 그 속에 황금 자를 숨겼습니다.

당나라의 사신에게는 이미 황금 자를 땅에 묻어 버렸다며 빈손으로 돌려보냈습니다. 그 후 다시 황금 자를 찾으려 했지만 어느 무덤에 묻었는지 찾을 수가 없었습니다. 이 일로 사람들은 신라가 망하게 되었다고 수근거렸습니다.

그 당시 자를 묻었던 무덤들을 '금척릉' 이라고 하고, 무덤이 있는 마을을 '금척리' 라고 부르게 되었습니다.

알아 두세요

여섯 촌장(?~?)

서라벌이 세워지기 전에는 여섯 마을이 모여 있었습니다. 여섯 마을에는 각각 촌장이 있었는데 알천의 양산촌 촌장 알평, 돌산의 고허촌 촌장 소벌공, 최산의 진지촌 촌장 지백호, 무산의 대수촌 촌장 구례마, 금산의 가리촌 촌장 지타, 명활산의 고야촌 촌장 호진입니다. 알평은 급량부 이씨의 조상이 되었고, 소벌공은 정씨의 조상, 지백호는 최씨, 구례마는 손씨, 지타는 배씨, 호진은 설씨의 조상이 되었습니다.

경주 양산재
1970년 건립한 전형적인 재실 건축물로서 신라 건국 이전 서라벌에 있었던 6부 촌장의 위패를 봉안하고 제사를 지내는 곳. 경상북도 경주시 탑동에 있는 사당이다.

소벌공(?~?)

소벌도리라고도 부르는 소벌공은 돌산의 고허촌 촌장이며 사량부 정씨의 조상입니다. 소벌공은 알에서 태어난 박혁거세를 양자로 들여 보살핀 사람입니다.

소벌공의 '소벌'은 새불, 즉 냇가 위에 있는 들판을 가리키는 지명입니다. '공'은 존칭이니 소벌공은 곧 고허촌의 촌장이라는 뜻입니다. 지금은 소벌공이 사람의 이름처럼 불리고 있습니다.

알영부인(기원전 53~?)

박혁거세왕의 왕비입니다. 기원전 53년에 용의 옆구리에서 태어났다는 탄생설화를 가지고 있습니다. 알영은 남편이 올바르게 정치를 할 수 있도록 도왔으며 백성을 자식처럼 사랑했습니다. 임금과 함께 백성들에게 농사일과 뽕나무 심는 일, 누에를 치는 일 등 여러 일을 가르쳤습니다. 사람들은 박혁거세왕과 알영부인을 하늘이 낳은 성인이라 부르며 존경하고 받들었습니다. 혁거세가 나라를 다스린 지 61년 만에 세상을 뜨자 알영도 함께 세상을 떴습니다.

남해왕(?~24)

남해왕은 박혁거세와 알영부인 사이에 태어난 맏아들입니다. 박혁거세의 뒤를 이어 신라 제2대 왕이 되어 4년에서 24년까지 나라를 다스렸습니다. 남해차차웅 또는 남해거서간이라고 부릅니다.

남해왕은 아버지인 박혁거세의 묘를 세우고, 낙랑군과 왜군의 침략을 물리쳤으며, 재위기간 동안 가뭄과 재해가 일어나면 나라의 창고를 열어 백성을 구제했습니다.

감생 설화

초자연적인 출산 설화를 가리키는 말입니다. 인물이 태어나는 데 있어 어떤 사물이나 신비로운 힘에 감응(믿거나 비는 정성이 신에게 통함)되어 아기를 갖고, 아기가 태어난다는 내용입니다. 보통 돌이나 나무, 물에 접촉하여 아기를 갖게 되는 형태, 몸에 햇빛을 받는 형태, 해나 달, 별, 용 등이 품으로 들어오는 형태, 알을 삼키는 형태 등 감생 설화의 형태는 매우 다양합니다.

초등 사회과 탐구 6-1

백제를 세운 온조왕

고구려 궁궐 안이 술렁이고 있었습니다. 부여에서 찾아온 한 청년 때문이었습니다.

"너도 들었느냐?"

비류가 온조에게 물었습니다.

"폐하는 지금 유리를 태자로 삼을 생각을 하고 계신다. 어쩌면 좋으냐. 이러다가 혹시 유리가 우리를 죽이려 드는 것은 아닐까?"

비류는 불안한 표정을 지었습니다. 이를 지켜보던 어머니가 조용히 두 아들을 불렀습니다.

"남으로 가자."

"남으로요?"

비류와 온조는 깜짝 놀랐습니다.

"고구려에는 더 이상 내가 할 일이 없다. 너희들 역시 이곳에서는 더 넓은 하늘을 볼 수 없어. 그러니 남으로 가서 새로운 땅을 찾아보자."

"어머니께서 세운 이 나라를 버리고 어디로 떠나자는 것입니까?"

"버리는 것이 아니라 새로운 곳을 찾아 새로운 왕국을 여는 것이야. 사내로 태어나 꼭 한 번은 도전해야 할 숙제다."

어머니 소서노는 두 아들의 손을 힘주어 잡았습니다. 따뜻하면서도 힘이 넘치는 어머니의 손길이었습니다.

비류와 온조, 소서노는 곧바로 신하 10명과 자신들을 따르는 백성들을 이끌고 고구려를 떠났습니다.

"마마, 저곳이 부아악(삼각산)입니다."

한 대신이 높게 솟은 부아악을 가리켰습니다. 비류와 온조 일행은 부아악으로 올라 발밑에 펼쳐진 땅을 두루 살폈습니다.

"저쪽으로는 바다가 있구나. 저곳이 좋겠어. 물이 가까우니 백성들이 터를 잡기도 좋고, 바다에서 식량도 충분히 얻을 수 있을 거야."

비류가 미추홀을 가리켰습니다.

"아닙니다, 형님. 이 하남 땅은 북쪽으로 한수(한강)가 흐르고, 동쪽으로는 산이 있으며 남쪽으로는 비옥한 땅이, 서쪽으로는 드넓은 바다가 있습니다. 그러니 이곳 하남에 도읍을 정하는 것이 좋을 듯합니다."

온조는 사방을 가리키며 차근차근 지형을 설명했습니다. 하지만 비류는 온조의 말을 듣지 않고 바닷가로 가자고 고집을 피웠습니다.

"형님 뜻이 정 그러하다면 백성들을 이끌고 미추홀로 가시지요. 저는 이곳에서 남은 백성들과 함께 터를 잡겠습니다."

온조와 비류는 하는 수 없이 백성들을 나누었습니다. 비류는 자신을 따르는 백성을 이끌고 미추홀로 가서 터를 잡고, 온조는 하남 위례성에 도읍을 정하고 터를 잡았습니다.

"나라 이름을 십제로 합시다.

그대들 10명이 나를 도와 나라의 기반을 잡았다는 뜻이오."

온조는 곧바로 십제국의 정비체제를 갖추어 나가기 시작했습니다. 온조는 백성들이 하루라도 빨리 기반을 잡을 수 있도록 농사짓는 일을 몸소 권장하고, 누에치는 법도 가르쳤습니다. 뿐만 아니라 백성들이 안전하게 먹고 살 수 있도록 주변국의 경계도 게을리하지 않았습니다.

수년이 흘렀습니다. 십제가 나라의 모양을 갖추어 갈 무렵 미추홀에서 비류가 찾아왔습니다.

"어서 오십시오, 형님!"

온조는 반갑게 비류를 맞이했습니다.

"네가 세운 십제의 백성들은 모두 행복한 얼굴들이구나. 나라가 완벽해져 가고 있어."

"아닙니다. 완벽해지려면 아직도 멀었는걸요."

"아니다. 네 말을 듣고 너와 함께 해야 했다. 미추홀의 땅은 습하고 소금기가 많아 터를 잡기에는 힘든 곳이었어. 백성들이 하루가 멀다 하고 굶고 있다."

비류는 침통한 표정을 지었습니다.

"형님, 지금이라도 이곳으로 옮겨 오시는 것이 어떻겠습니까?"

온조가 비류의 손을 잡았습니다.

"내 무슨 면목으로 네게 짐을 지우겠느냐. 혹여 내 백성들이 이곳으로 오면 밀어내지나 말아다오."

비류는 맥 빠진 표정으로 돌아갔습니다. 그 후 자신의 고집으로 백성들이 힘든 나날을 보내는 것을 고통스러워하던 비류는 시름시름 앓다 죽고 말았습니다.

비류가 죽자 미추홀에서 살던 백성들이 하나둘씩 위례성으로 넘어왔습니다. 온조는 기꺼이 비류의 백성들을 맞이하여 그들이 터를 잡을 수 있도록 도와주었습니다. 그리고 나라의 이름을 백제로 고치고 더욱더 강건한 나라가 될 수 있도록 나라를 다스렸습니다.

온조왕

? ~ 28
백제를 세운 첫 임금

온조왕은 백제의 시조입니다. 북부여에서 동명성왕의 아들 유리가 졸본부여로 와 태자가 되자 형 비류와 어머니, 10명의 신하와 자신을 따르는 백성들을 데리고 고구려를 떠났습니다. 비류는 지금의 인천 지방인 미추홀에, 온조는 위례성에 도읍을 정하고 나라 이름을 십제라 했습니다. 훗날 형 비류가 죽자, 미추홀의 백성들과 신하들을 받아들이고 나라 이름을 백제로 고쳤습니다.

백제 초기의 토성 터, 몽촌토성

온조는 기원전 16년에 말갈족을 무찌르고 기원전 11년에는 위례성을 침입해 온 말갈족을 대부현까지 쫓아가 물리쳤습니다. 연일 계속되는 말갈족의 침입으로 나라가 위태로워지자 도읍을 남한산성으로 옮겼습니다. 서기 9년에는 마한을 정복하여 영토를 넓혀 백제의 위력을 세상에 보여 주었습니다.

〈삼국유사〉에는 온조에 대해 "체격이 크고 효성과 우애가 깊으며 말 타기와 활쏘기를 잘해 따라올 사람이 없다."고 그리고 있습니다. 졸본부여를 떠나올 때 어머니를 모시고 남하하고, 형의 말을 거스르지 않았던 것, 백제를 세우는 과정에서 보이는 군사적인 기술과 전법은 군왕으로서의 자질을 충분히 보여 주고 있습니다.

온조왕은 말갈과 마한으로부터 나라를 지키고 국토를 확장하기 위한 전쟁을 치를 때에도 몸소 전쟁터에 나가 군사들의 사기를 드높이고 승리를 이끌어 내는 장군이자 군왕이기도 했습니다. 또, 나라 곳곳을 돌아다니며 농사를 권하고, 누에를 치는 양잠법을 권하며, 백성들이 잘 살 수 있도록 돌보는 자애로운 국왕이었습니다.

그 시대엔 또 무슨 일이 있었을까?

비류 설화

〈삼국사기〉에는 온조설화에 덧붙여 참고자료처럼 비류설화가 실려 있습니다.

『백제의 시조는 비류왕으로 그의 아버지는 북부여왕 해부루의 서손인 우태이며, 어머니는 졸본사람 연타발의 딸 소서노입니다. 소서노가 우태와 결혼하여 비류와 온조를 낳았습니다. 우태가 죽자 소서노는 두 아들과 살게 되었습니다. 그 즈음 부여에서 도망쳐 온 주몽이 졸본으로 와서 도읍을 정하고 고구려를 세웠습니다. 소서노는 주몽과 결혼하여 고구려의 왕비가 되었고, 두 아들은 왕자가 되었습니다. 주몽이 고구려의 기틀을 잡는 데 소서노가 큰 도움을 주었으므로 주몽은 그녀의 두 아들을 친자식처럼 매우 아끼고 총애했습니다. 그러나 주몽이 부여에서 아들 유유(유리)가 찾아오자 그를 고구려의 태자로 삼고 왕위를 잇게 했습니다.

비류는 온조에게 "부여에서 몸을 피해 대왕께서 이곳으로 왔을 때 어머니께서 집안의 재산을 내 주어 나라를 세우는 데 큰 도움을 주셨다. 그런데 고구려가 통째로 유유에게로 넘어갔으니 우리의 앞날이 걱정될 뿐이다. 어머니와 함께 남쪽으로 가서 우리가 스스로 나라를 세우는 것이 더 낫겠다."며 어머니와 신하, 백성들을 이끌고 패수와 대수를 건너 미추홀에 도읍을 정하고 살게 되었습니다.』

▲ **남한산성 침괴정**
남한산성은 경기도 광주시, 하남시, 성남시에 걸쳐 남한산에 있는 산성이다. 한때 백제의 수도 하남 위례성으로 추정되기도 했던 남한산성은 백제의 시조 온조가 세운 성으로 알려져 있다.

▲ 백제 초기 돌무지무덤인 적석총

돌무지무덤

　　백제가 처음 도읍지를 정했던 곳(지금의 서울 석촌동 일대)에는 백제 초기의 돌무지무덤이 있습니다. 돌무지무덤은 편평한 땅에 구덩이를 파거나 구덩이 없이 시체를 놓고 그 위에 돌을 쌓아 묘역을 만든 무덤을 말합니다. 층층이 사방을 둘러가며 돌을 쌓아 바른 네모꼴로 만든 무덤입니다.

　　이 돌무지무덤은 고구려의 초기 도읍지가 있었던 압록강 유역에서 많이 나타나는데 지금의 경기도 양평 서울 석촌동, 제천시 양평리 등 남한강유역에서도 찾아볼 수 있습니다. 이는 고구려의 계통을 이어받은 백제인들이 남하하였다는 사실을 뒷받침해 주고 있습니다. 다만, 발견된 돌무지무덤 중에 바깥 부분만 돌로 쌓고 무덤 안쪽은 흙으로 채운 것이 고구려의 돌무지무덤과 다른 점입니다. 이는 백제인들이 세대를 거듭하여 살면서 차츰차츰 자신들만의 무덤 축조 기술과 주변 상황에 맞춰 개발한 흔적이라 할 수 있습니다.

알아 두세요

소서노(?~?)

　백제의 건국 설화에 나오는 인물로, 비류와 온조의 어머니입니다. 주몽이 부여를 떠나 고구려를 세울 때 경제적으로 많은 도움을 주었다고 전해지고 있습니다. 뿐만 아니라 두 아들이 고구려를 떠나 백제를 세우려 할 때도 동행하여 여장부로서의 위상을 보여 주기도 했습니다. 민족주의 사학자인 단재 신채호는 소서노를 "조선사상의 유일한 여제왕의 창업일 뿐더러 고구려와 백제의 양국을 건설한 사람."이라는 높은 평가를 했습니다.

마한

　우리나라 고대의 삼한 가운데 한 나라입니다. 기원전 3~4세기경 지금의 충청도와 전라도에 걸쳐 54개의 작은 국가로 이루어져 있습니다.
　위씨 조선계의 유민과 문화의 유입, 철기의 보급과 부여 계통의 유민들이 들어와 정착하면서 새로운 세력권이 형성되자 마한의 영향력은 점차 위축되었습니다. 서기 9년에 백제로 인해 멸망하게 됩니다.

숭렬전

　조선 시대 1464년에 세워진 것으로 온조왕의 위패를 모시기 위한 사당입니다. 1972년 경기 유형문화재 2호로 지정되었습니다. 정유재란 때 불에 타버렸다가 1603년에 재건되어 광주로 옮겨졌습니다. 그 뒤 1795년에 왕이 사액(이름을 지어 편액을 내리던 일)을 하사하자 이곳을 수리하고 숭렬전으로 바꾸었습니다.

몽촌토성

서울 송파구 방이동에 있는 백제 초기의 토성터입니다. 1982년에 사적 제297호로 지정되었습니다.

원통형토기, 적갈색연질토기, 철기유물 등 약 500여 점의 유물이 발견되었는데 그 중 문살무늬, 승문을 새긴 두드림무늬 토기는 백제 건국 초기의 것으로 추정되고 있습니다. 몽촌토성의 지리적 위치와 토성의 견고함으로 비추어 보아 광주풍납리토성, 서울삼성동토성 등으로 이루어진 하남위례성의 주성으로 추정됩니다.

▼ 몽촌토성 목책
목책은 단순히 목책만으로 설치한, 목책성이 있고 몽촌토성과 같이 토성벽 위에 목책을 설치한 성이 있다. 서울시 송파구 방이동에 소재.

▼ 몽촌토성 해자
서북쪽과 외곽에서 지표 아래 2.8~3.5m 깊이에서 나타난 뻘 층을 통해서 그 존재가 추정되었다.

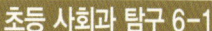

초등 사회과 탐구 6-1

알에서 태어난 김수로왕

3월의 어느 날, 하늘에서 우레와 같은 소리가 들려왔습니다.
"그곳에 누가 있느냐?"
일하던 사람들은 깜짝 놀라 주위를 둘러보았습니다.
"그곳에 누가 있느냐?"
이상한 목소리가 다시 한 번 들려왔습니다.
놀란 사람들은 아홉 부족의 족장들에게 달려가 이 소식을 전했습니다.
"들으셨습니까?"
"나도 들었소. 구지봉에서 들리는 소리 같은데 그쪽으로 가 봅시다."
아홉 부족의 족장들도 이미 그 소리를 듣고 한데 모여 있었습니다.
"그곳에 누가 있느냐?"
"아홉 부족의 백성들이 있습니다."
"내가 있는 이곳은 어디냐?"
"구지라는 곳입니다."
족장들은 들려오는 목소리를 향해 허리를 굽혀 대답했습니다.
"하늘이 나를 이곳으로 보내 나라를 세우고 너희들의 임금이 되라 하셨다. 산꼭대기를 파며 노래를 부르고 춤을 추어 나를 맞는다면 기꺼이 너희들의 임금이 되겠다."
아홉 족장들은 목소리가 가르쳐 준 대로 땅을 파며 노래를 불렀습니다.

거북아, 거북아 머리를 내밀어라
내밀지 않으면 구워 먹으리

아홉 족장들은 구지봉을 빙글빙글 돌며 계속해서 '구지가'를 부르고 춤을 추었습니다. 그러자 하늘에서 자줏빛 아름다운 빛이 비치더니 땅 위로 쏟아졌습니다.
"저 빛을 따라가 봅시다."
아홉 족장들은 재빨리 빛을 향해 달려갔습니다. 그곳에는 보자기에 싸인 황금빛 상자가 있었습니다.
"저 상자 안에 무엇이 들어 있을까요?"
"하늘에서 들려온 목소리처럼 정말로 우리의 왕이 저 상자 안에 들어 있을까요?"
"그러지 말고 어서 열어 봅시다."
아홉 족장들은 조심스레 상자를 열었습니다.

상자 안에는 황금빛 알 6개가 들어 있었습니다.

"알입니다!"

"보통 알이 아니라 황금색이 도는 황금 알이오!"

아홉 족장들은 눈앞에서 벌어진 신기한 일에 입이 떡 벌어졌습니다.

"하늘이 주신 귀한 선물이니 소중하게 간직합시다."

"우리 중에 가장 큰 부족인 아도간이 이 황금 알을 보살피는 게 어떻겠습니까?"

"그게 좋겠습니다. 가장 지혜롭고, 우리 중 가장 큰 어른이니 아도간이 제격입니다."

족장들은 하나같이 아도간이 상자에 든 황금 알을 보살피기를 바랐습니다. 아도간은 마지못해 상자를 들고 집으로 돌아왔습니다.

12일 후, 아홉 족장들이 농사일로 의논할 것이 있어 아도간의 집으로 몰려왔습니다.

한 자리에 모인 아홉 족장들은 상자 속의 황금 알이 어떻게 되었는지 궁금했습니다. 아도간은 상자를 가져와 아홉 족장들이 보는 앞에서 상자를 열었습니다.

"이, 이럴 수가!"

족장들은 깜짝 놀랐습니다. 황금 알에서 6명의 사내아이가 태어나 있었던 것입니다. 그들은 곧 상자에서 차례대로 걸어 나왔습니다. 놀란 족장들은 서둘러 6명의 사내아이들을 향해 큰 절을 올렸습니다.

알에서 나온 6명의 아이들은 열흘 만에 아홉 자가 넘게 훌쩍 자랐습니다. 상자에서 가장 먼저 나온 아이의 이름을 '수로'라 했습니다. 황금알에서 태어나 성은 김씨라 했습니다.

족장들은 김수로를 왕으로 모셨습니다. 사람들은 수로를 왕으로 모시고 나라 이름을 '대가락국' 또는 '가락국'이라고 했습니다. 나머지 다섯 아이들에게도 각각 5개의 가야를 맡겨 백성을 다스리도록 했습니다.

김수로왕

- 기원전 ? ~ 199
- 성은 김씨이고 이름은 수릉 또는 수로
- 가락국의 시조, 김해 김씨의 시조

수로왕은 42년에 왕이 되어 199년까지 나라를 다스렸습니다. 수로왕이 다스린 금관가야국은 1~6세기 초에 낙동강 하류 일대를 차지했던 부족국가입니다.

수로왕은 즉위한 뒤 현재의 김해지역에 도읍을 정했습니다. 김해지역은 해상교역이 활발하게 이루어지던 곳으로 고대 철기문화를 꽃피웠던 금관가야의 중심도시였습니다.

수로왕릉

가야는 수로왕 이래 491년간 계속되다 532년 신라의 법흥왕(신라 제 23대 왕)에 의해 멸망하게 됩니다. 금관가야가 신라에 병합된 뒤에도 수로왕은 가야의 시조로 숭배되었습니다. 문무왕(신라 제30대 왕)은 수로왕릉의 관리를 위해 위전을 설치하고 후손이 능묘의 제례를 계승하도록 했습니다.

수로왕은 아유타국에서 배를 타고 건너온 왕녀 허황옥과 결혼하여 여러 명의 왕자를 두었습니다. 그 중 7명은 지리산에 들어가 운상원을 짓고 수행하여 부처가 되었고, 거등왕이 수로왕의 뒤를 이어 왕위를 이었습니다.

수로왕릉은 사적 73호로 지정되어 경남 김해시 서상동에 있으며, 수로왕비릉은 사적 74호로 지정되어 경남 김해시 구산동에 있습니다.

그 시대엔 또 무슨 일이 있었을까?

허황옥이 오다

인도의 아유타국 공주인 허황옥의 꿈에 신이 나타났습니다. 신은 "가락국의 수로왕은 하늘이 보낸 사람이니 그곳으로 가서 왕비가 되라."고 했습니다. 허황옥은 두 번 생각할 것도 없이 큰 배를 이끌고 가야로 향했습니다. 그런데 가락국으로 가던 도중 큰 풍랑을 만나 다시 아유타국으로 되돌아가기를 여러차례 되풀이했습니다. 허황옥은 생각 끝에 파사 석탑을 배에 싣고 다시 가락국으로 향했습니다. 그제야 풍랑이 멈추고 무사히 가락국에 도착할 수 있었습니다.

파사 석탑

경상남도 김해시 구산동에 있는 가야 시대의 석탑으로 허황옥이 아유타국을 떠날 때 싣고 온 석탑입니다. 경남문화재자료 제227호로 지정되었으며 현재 수로왕비의 능 앞에 있습니다. 5개의 크고 작은 동그란 바위가 층층이 쌓인 석탑입니다.

▲ 가야의 태조 황릉비

6가야

낙동강을 중심으로 일어난 수십 개의 부락국가가 차츰 확대되면서 부족국가를 형성하여 6가야로 발전하였습니다. 금관가야, 아라가야, 대가야, 소가야, 고령가야, 성산가야를 말합니다. 가장 먼저 탄생한 금관가야가 가장 큰 세력을 갖고 있었으므로 다른 가야들이 금관가야의 부속국가가 되었습니다. 가야는 약 500년간 계속되다 금관가야의 멸망을 시작으로 하나, 둘 신라에 병합되면서 562년 완전히 신라에 흡수되었습니다.

철기문화를 일으키다

가야는 일찍이 철기문화가 발달하여 낙랑과 신라, 일본 등에까지 철을 수출하며 수준 높은 철기문화를 꽃피웠습니다. 특히, 일본은 고대국가를 형성하는데 가야의 철기문화에 결정적인 영향을 받았다고 알려져 있습니다.

가야의 유적에서 발굴된 철제갑옷이나 토기, 투구 등은 당시의 최고의 철기문화를 가졌음을 증명하고 있습니다. 뛰어난 철기문화를 일으킬 수 있었던 이유 중의 하나는 가야인들 모두가 자유롭게 철을 소유할 수 있었고 필요한 물품을 마음대로 만들어 쓰는 생산력에 있었습니다. 이는 금관가야의 고분에서 다량으로 나온 덩이쇠를 보아도 알 수 있습니다.

▼ **가락국 전구형 왕릉**
경남 산청 금서면 소재, 사적 214호.

알아 두세요

허황옥(33~189)

시호는 보주태후로 김수로왕의 왕비입니다. 태자 거등을 비롯하여 10명의 아들을 낳았습니다. 그 가운데 두 아들에게는 허씨의 성을 주어 대를 잇게 하고 7명은 출가하도록 해 지리산에 칠불사를 창건하여 승려가 되도록 했습니다.

김수로왕이 허황옥과의 약속대로 작은 절을 지어 주니 허황옥은 그곳에서 신에 대한 제사를 지냈습니다. 이것이 초기 불교의 첫 상륙이었으나 우리나라의 대종교에 대한 믿음이 강해 허황옥의 불교전파는 계속해서 이어지지 못했습니다.

아도간(?~?)

수로왕 설화에 등장하는 아홉 족장 중 한 사람으로 수로왕을 돌본 사람입니다. 수로왕이 나타나기 전의 김해 지역은 크고 작은 부족들이 족장을 중심으로 독립적인 생활을 했습니다. 아도간은 여러 부족 중 규모가 큰 부족의 우두머리였던 것으로 추정됩니다.

거등왕(?~?)

가야의 제2대 왕(?~253)으로 199년 3월 13일에 즉위하여 39년 동안 나라를 다스리다 257년 9월 17일에 세상을 떠났습니다. 수로왕과 허황옥의 아들로 비는 천부경, 아들은 마품입니다. 마품은 거등왕을 이어 가야의 3대 왕이 됩니다.

거등왕은 어머니인 허황옥을 기리기 위해 생림면 생철리 무척산에 모은암이라는 절을 지었습니다.

수로왕릉 홍살문
능묘나 궁전, 관아 앞에 세우는 붉은 물감을 칠한 나무문으로 중간에는 태극 문양이 그려져 있다.

▲ **탈해왕릉**
신라 초기의 왕릉이고 특히 최초의 석씨 왕릉이라는 점에서 중요하다. 경북 경주시 동천동에 소재. 사적 제174호.

석탈해(?~80)

　신라 제4대 왕이며 남해왕의 사위입니다. 왕호는 탈해이사금이며 성은 석씨입니다. 용성국의 왕과 적녀국 왕녀 사이에서 알로 태어나 궤짝에 담겨 강물에 버려진 인물입니다. 기원전 19년(박혁거세 39) 아진포에서 한 노파에 의해 발견돼 길러졌습니다.

　석탈해에게는 한 가지 설화가 더 있습니다. 수로왕을 찾아간 석탈해는 왕의 자리를 빼앗으러 왔다고 큰소리칩니다. 수로왕이 하늘의 명을 받고 백성을 다스리니 자리를 내 줄 수 없다고 하자 석탈해가 실력으로 겨루자고 합니다.

　석탈해가 매로 변하면 수로왕은 독수리로, 석탈해가 참새가 되면 수로왕은 매가 되어 석탈해를 위협했습니다. 이에 석탈해는 수로왕에게 굴복하고 도망칩니다. 수로왕은 석탈해가 반란을 일으킬까 봐 군사를 보냈지만 이미 계림으로 달아나 잡을 수 없었습니다.

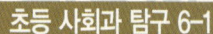

초등 사회과 탐구 6-1

머슴 살던 을불
미천왕

　한밤중 을불의 집에 난리가 났습니다. 집이 불길에 휩싸이고 여기저기서 비명소리가 터져 나왔습니다.
　"을불아, 어서 도망치거라. 어서!"
　"무, 무슨 일입니까?"
　아버지 돌고가 을불의 방으로 뛰어 들어오자 을불이 벌떡 일어섰습니다.
　"돌고와 그의 아들 을불을 찾아라! 그들을 죽이지 못하면 너희들이 죽임을 당할 것이다!"
　봉상왕이 보낸 군사들이 집 안을 뒤지는 소리가 들려왔습니다. 다급해진 돌고는 을불의 등을 떠밀었습니다.
　"저들이 너와 나를 죽일 것이다. 너라도 살아서 훗날을 도모하거라!"
　"함께 가셔야……."
　"아니다. 내가 이곳에서 시간을 벌어야 네가 살 수 있다. 이 애비의 몫까지 네가 살아야 하느니라."
　돌고는 있는 힘껏 을불을 떠밀었습니다. 을불은 마지못해 담을 넘어 도망쳤습니다.
　을불은 뒤에서 군사들이 쫓아오는 소리가 들리는 듯하여 한시도 쉬지 못하고 달리고 또 달렸습니다. 낮 동안은 들킬 것이 두려워 풀숲에 숨어 잠을 자고, 밤에는 쉴 새 없이 뛰었습니다.
　을불은 수실촌에 도착해 음모란 사람의 집으로 들어갔습니다. 몇 날 며칠을 숲을 지나 뛰었던지라 을불의 몰골은 말이 아니었습니다. 찢어지고 더러워진

 옷차림 때문에 영락없는 거지였습니다.
 "오갈 데가 없는 모양인데 내 집에서 머슴이나 살아라."
 음모는 공짜로 을불을 머슴으로 삼고 고된 일을 시키기 시작했습니다. 힘든 논일과 밭일 때문에 지친 몸을 이끌고 잠자리에 들면 어김없이 음모가 을불을 불렀습니다.
 "밤마다 울어 대는 저 개구리 때문에 잠을 잘 수가 없다. 저 개구리 좀 조용히 시켜라. 개구리 울음 소리가 조금이라도 나는 날에는 혼쭐이 날 줄 알아라!"
 음모의 명령에 을불은 연못으로 갔습니다.
 "조용히 하거라."

을불이는 작은 돌멩이를 주워 연못에 던졌습니다. 순간 개구리 울음 소리가 잠잠해지자 졸음이 몰려왔습니다. 자기도 모르게 꾸벅꾸벅 졸자 개구리가 다시 울어 댔습니다. 화가 난 음모가 달려 나왔습니다.

"이놈아, 개구리가 우는데 잠이 오느냐! 어디 한번 혼 좀 나 봐라."

음모는 연못가에 쭈그리고 앉아 졸고 있던 을불을 힘껏 걷어차 버렸습니다. 을불은 연못 속으로 굴러 떨어졌습니다.

"어푸, 어푸……사, 살려 주시오!"

"하하하, 저 꼴 좀 보라지. 그러게 개구리 울음 소리가 안 나게 했어야지. 또 한번 개구리 울음소리가 나기만 하면, 그때는 내쫓길 줄 알아라!"

음모는 이죽이죽 웃으며 돌아갔습니다.

을불은 개구리를 조용히 시키기 위해서 밤마다 깨진 기왓장이며 돌멩이를 주워 던져야 했습니다. 낮에는 논과 밭일로 고되고, 밤에는 개구리를 조용히 시키는 일 때문에 힘이 들었습니다.

"여기서는 도저히 안 되겠다. 잠이라도 편히 자야지 일을 할 것 아니야. 세상에 아랫사람에게 이토록 험하게 하는 사람도 다 있구나."

을불은 음모의 집을 몰래 빠져 나왔습니다. 막상 나오고 보니 할 일이 없어 여기저기 떠돌게 되었습니다. 그때 마침 동촌 출신의 재모를 만나 을불은 소금장수를 하게 되었습니다. 그러나 이마저도 여의치 않아 도둑으로 몰려 소금을 빼앗기고 매를 맞게 되었습니다. 을불은 사람들의 손가락질을 받으며 마을을 떠나야 했습니다.

이처럼 갖은 고생과 수모를 당했지만 그의 곧은 용모와 행동은 어디에서든 눈에 띄었기 때문에 창조리가 보낸 두 신하가 얼른 을불을 알아볼 수 있었습니다. 을불은 조정에서 자신을 죽이러 온 사람들인 줄 알고 깜짝 놀라 도망치려 했으나 창조리의 뜻을 전해 듣고 두 신하와 함께 도망쳐 나왔던 국내성으로 돌아올 수 있었습니다.

미천왕

? ~ 331년
성은 고씨이고 이름은 을불 또는 우불
고구려의 제15대 왕

미천왕은 서천왕의 손자이며 고추가 돌고의 아들로 호양왕이라고도 불립니다. 큰아버지 봉상왕의 손에 아버지가 죽임을 당하자 간신히 도망쳐 민가에 숨어 지내다 창조리가 봉상왕을 폐위시키자 왕위에 오릅니다.

갖은 고생 끝에 서기 300년에 왕이 된 미천왕은 백성들을 두루 잘 살피려고 노력했습니다. 또한 국토 확장에 힘을 쏟아 302년 군사 3만으로 현도군을 공격하여 적군 8,000여 명을 사로잡았습니다. 또 서해북부의

고구려 고분에서 발견된 장신구와 관장식

해상권을 장악하고 313년에는 낙랑군을 공격하여 적군 1,000여 명을 사로잡아 멸망시켰습니다. 314년에는 대방군을 정벌하여 영토를 확장했습니다. 이 당시 영토 확장에 힘을 쏟던 고구려와 요동지역으로 세력을 넓히던 모용부(고대 북아시아 유목민족인 선비족)와 잦은 충돌이 있었습니다. 고구려는 요동지역을 지배하던 진의 평주사자 최비와 연합하여 모용부를 없애려다 실패해 결국 모용부에게 요동지역을 넘겨 주어야 했습니다. 그 후에도 미천왕은 요동지방을 차지하기 위해 여러 차례 모용부를 공격했으나 실패에 그쳤습니다. 새로 요동을 장악한 연나라를 견제하려고 바닷길을 이용하여 화북지방의 후조의 왕인 석륵에게 사신과 군수물자인 싸릿대로 만든 화살을 보내 동맹을 맺기도 했습니다. 왕위에 오른 지 32년 만인 331년에 세상을 떴습니다.

그 시대엔 또 무슨 일이 있었을까?

을불, 소금을 팔다

머슴살이를 견디다 못한 을불은 동촌으로 가서 소금장수 재모를 만나 함께 소금을 팔러 다니게 됩니다. 어느 날, 을불이는 압록강 동쪽의 사수촌이란 곳으로 가서 한 노파의 집에 머무르게 됩니다. 노파가 숙식비로 소금을 달라고 하자 소금 한 말을 주었는데 노파는 더 많은 소금을 달라고 합니다. 을불은 소금 한 말이면 적당한 값이라 생각하고 더 이상 주지 않았습니다. 노파는 앙심을 품고 을불이의 소금자루에 자신의 신을 몰래 넣어 둡니다. 다음 날 장사를 하려던 을불이를 신발 도둑으로 몰아붙여 태수에게 고소를 합니다. 절도죄를 뒤집어쓴 을불이는 태형을 맞고 소금자루도 빼앗기고 쫓겨납니다.

창조리의 거사

봉상왕 3년인 294년에 국상이 된 창조리는 봉상왕을 도와 백성을 굽어 살피고 나라를 잘 다스리기 위해 많은 노력을 했습니다. 그러나 백성의 편안에는 관심이 없는 봉상왕을 보고 백성과 고구려의 미래를 위해 거사를 일으키기로 결심합니다.

창조리는 아무도 모르게 조불과 숙우를 시켜 을불을 찾게 했습니다. 비류에서 배를 타려던 을불이 신하들과 함께 국내성으로 돌아오자 창조리는 거사를 일으킬 준비를 했습니다.

300년 9월 왕과 함께 사냥을 나선 창조리는 사냥에 따라 나온 여러 대신들에게 자신과 마음을 같이 할 사람은 모자에 갈대잎을 꽂으라고 뜻을 전했습니다. 얼마 후 많은 대신들이 모자에 갈대잎을 꽂은 걸 보고 힘을 얻어 봉상왕을 왕위에서 몰아냅니다. 창조리는 봉상왕을 별실에 가두어 두고 군사들로 하여금 봉상왕을 지키게 했습니다. 목숨에 위협을 느낀 봉상왕은 스스로 목숨을 끊어 버렸습니다.

모용선비와의 대결

미천왕은 왕위에 오르자 영토를 넓히는 데 많은 힘을 쏟았습니다. 미천왕은 오랜 세월 한반도 내에 주둔해 있던 낙랑군과 대방군을 완전히 몰아냈으며, 현도군과 요동군도 요하지방으로 완전히 몰아내고자 했습니다. 이 과정에서 요하지방에서 세력을 키우던 모용선비와 자주 충돌이 일어났습니다.

모용 외가 이끄는 모용선비는 동천왕(고구려 11대 왕) 때 위나라를 도와 고구려를 공격했던 무리들입니다. 이들은 봉상왕 때에도 자주 고구려를 침략해 오고 서천왕의 무덤 속에 있는 보물을 훔쳐가려던 사람들이었습니다.

미천왕은 진나라(서진)의 일부가 멸망하고 진나라(동진)가 생기는 과정에서 평주자사로 임명된 최비와 손을 잡고 모용선비를 제압하고자 합니다. 그러나 모용선비의 주도면밀한 계획에 빠져 연합작전이 실패하고 서쪽으로 진출하려던 미천왕의 계획도 수포로 돌아갑니다. 훗날 미천왕의 손자인 광개토대왕에 의해 미천왕의 꿈이 이루어졌습니다.

▼ 쌍영총 부부상 벽화
평안남도 용강군에 있는 고구려 고분으로, 통로에 한 쌍의 팔각 기둥이 세워져 있어 쌍영총이라 불리게 되었다.

알아 두세요

봉상왕(?~300)

　봉상왕은 고구려의 14대 왕으로 292년부터 300년까지 나라를 다스렸습니다. 일명 치갈왕이라고 불리며 이름은 상부, 또는 삽시루라고 합니다. 서천왕의 아들로 태어나 부왕이 죽자 왕위를 계승하였습니다. 교만하고 의심이 많아 국민의 존경을 받고 있던 숙부 달가를 죽였고, 동생 돌고를 반역죄로 죽였으며 도망친 을불을 뒤쫓는 등 자신에게 위협이 될 수 있는 세력들을 제거했습니다. 300년에 창조리에 의해 폐위당하고 자살을 택합니다. 봉상왕의 두 아들도 봉상왕의 자살 소식을 듣고 아버지를 따라 자살했습니다.

고국원왕(?~371)

　고구려의 16대 왕으로 331년부터 371년까지 나라를 다스렸습니다. 미천왕의 아들로 이름은 사유 또는 쇠이며 국강상왕이라는 별칭을 가지고 있습니다. 고국원왕은 즉위하여 평양성을 증축하고 국내성을 쌓았습니다. 수차례 연나라의 침입을 받다가 4만 군사를 거느린 모용황에게 미천왕의 시체를 빼앗기고 어머니인 주 씨와 왕비까지 납치되는 모욕을 당했습니다.
　고국원왕은 동생을 연나라에 보내 귀한 보물을 바치고 미천왕의 시체와 왕비를 데려왔습니다. 355년에 다시 보물을 보내 어머니를 모셔왔습니다. 369년 2만의 군대로 백제를 공격하였으나 실패하고, 371년 침입한 백제 근초고왕과 평양성에서 싸우다가 죽음을 맞이했습니다.

달고(?~292)

　고구려 제13대 서천왕의 동생으로 용맹하고 지략이 뛰어난 사람이었습니다. 280

년(서천왕 11) 숙신이 고구려를 침범하자, 토벌대장이 되어 적이 예측할 수 없는 기묘한 전술로 적을 엄습하여 격파하고, 단로성을 빼앗아 숙신의 추장을 죽였습니다. 왕은 크게 기뻐하며 그에게 큰 벼슬을 내 주었습니다. 292년 서천왕이 죽자 즉위한 봉상왕에게 죽임을 당했습니다.

모용부

고대 북아시아 유목민족인 선비족을 이르는 말입니다. 이들 선비족은 대인의 이름을 부족명으로 정하는 관습이 있어, 모용부는 2세기경에 유목민족을 이끈 선비라고 추측됩니다.

선비족들은 3세기에는 다링강 하류지방으로 옮겨가 유목생활과 농경생활을 했습니다. 추장 모용외는 선비대도독이라 부르고 난을 피해 도망쳐 온 한인들을 임용하여 정사를 맡기기도 했습니다.

▲ ① 안악 제3호분 주인공상 ② 부인상 ③ 행렬도
화려한 벽화를 통하여 당시 고구려 사회와 문화 등 다방면의 모습들을 보여 주는 중요한 유적이다. 2004년 유네스코 세계유산에 등재. 북한의 국보 제67호.

모용황이 즉위하자 중국으로부터 독립하여 연왕이라 부르고 수도를 용성으로 정하여 허베이 일대를 장악했습니다. 이것이 전연이라고 불리는 나라이며 모용부에 의해 후연, 남연이 건국되었습니다.

초등 사회과 탐구 6-1

고구려 땅을 넓힌 위대한 왕
광개토대왕

"달려라, 달려!"

태자 담덕은 쉼 없이 말을 달렸습니다.

"조금만 더 가면 고구려의 국경이다. 그 너머는 내 할아버지에게 수모를 준 연나라가 있다."

담덕은 틈만 나면 국경이 보이는 곳까지 말을 달려 할아버지 미천왕의 무덤을 파헤친 모용선비가 있는 연나라를 노려보곤 했습니다.

"우리 대 고구려에게 그런 욕을 보이다니."

담덕은 자신이 왕위에 오른다면 꼭 연나라를 정벌하고 고구려에 복속시키리라 다짐했습니다.

그 날도 국경 가까이까지 가기 위해 말을 달리던 중이었습니다. 지친 말이 속도를 줄이자 담덕은 좀 쉬어가야겠다고 생각했습니다. 말에게 물을 먹인 다음 근처의 큰 바위에 훌쩍 뛰어 오른 담덕은 크게 기지개를 켰습니다.

"으랏차차차!"

시원한 바람에 땀을 식힌 담덕이 바위에서 내려서려는 순간 수풀 너머에서 번뜩이는 불빛이 보였습니다.

'무엇일까?'

담덕은 번뜩이는 두 개의 불빛을 노려보았습니다. 불빛은 깜박이지도 않고 담덕을 향했습니다.

'가까이 가 보자.'

담덕은 한 걸음 한 걸음 불빛을 향해 다가갔습니다. 불빛은 꿈쩍도 않은 채 담덕을 노려보았습니다. 담덕도 피하지 않고 불빛을 마주 노려보며 다가갔습니다.

'호랑이가 아닌가!'

순간 담덕의 등줄기에서 식은땀이 주루룩 흘러내렸습니다. 수풀 너머에 집채만한 호랑이 한 마리가 숨어 있었기 때문입니다. 호랑이는 꼼짝도 않고 담덕을 잡아먹을 듯 노려보고 있었습니다.

'감히 호랑이 따위가 고구려의 태자인 나를 노려보았겠다!'

담덕은 눈에 더욱더 힘을 주어 호랑이를 노려보았습니다.

호랑이는 커다란 앞발을 내밀고 몸을 웅크렸습니다. 호랑이는 금세라도 풀쩍 뛰어올라 담덕을 덮칠 기세였습니다.

"크르르릉!"

호랑이는 다가오는 담덕을 향해 낮게 으르렁거렸습니다.

"호랑이에게 질 담덕이 아니다. 나는 이 나라의 미래를 책임져야 할 사람이다. 할아버지의 원수를 갚아야 하고, 연나라와 백제, 신라에게 본때를 보여 줄 사람이라고."

담덕은 스스로에게 주문을 걸듯 중얼거리며 활시위를 당겼습니다. 호랑이도 천천히 몸을 일으켰습니다.

"덤빌 테면 덤벼!"

담덕은 온 산이 흔들리도록 크게 소리쳤습니다. 눈에 잔뜩 힘을 주어 호랑이를 쏘아보았습니다.

호랑이와 담덕의 눈싸움은 끝이 나지 않았습니다. 서로를 노려보며 망부석이 된 듯 서 있었습니다.

마침내 호랑이의 눈이 흔들렸습니다. 슬그머니 눈을 깜박이더니 뒷걸음질치기 시작했습니다. 호랑이는 뒤로 살금살금 물러서더니 수풀 사이로 사라져 버렸습니다.

"휴우!"

담덕은 그제야 활시위를 내려놓았습니다.

호랑이를 만나도 당황하지 않고 그 기개를 펼쳐보이던 담덕은 고국양왕의 뒤를 이어 왕위에 올랐습니다. 자신이 품은 뜻을 펼치기 위해 군사를 이끌고 중국으로, 백제로, 신라로 쉼 없이 달리며 고구려의 땅을 넓혀 갔습니다.

광개토대왕

375 ~ 413년
연호는 영락, 이름은 담덕
고구려 제19대 왕

광개토대왕은 고국양왕의 아들이며 소수림왕의 조카입니다. 광개토대왕은 왕위에 올라 소수림왕의 정치적 안정을 기반으로 고구려 영토를 확장한 군주입니다.

그의 완전한 묘호(임금이 죽은 뒤에 생전의 공덕을 기리어 붙인 이름)는 '국강상광개토경평안호태왕' 입니다. 이를 줄여서 광개토태왕으로 부르며 일반적으로 본명보다는 광개토대왕이 더 알려져 있습니다.

광개토대왕 비문 탁본

생전에는 영락대왕이라 불렸습니다. 영락이란 연호는 광개토대왕이 우리나라에서 최초로 사용한 연호로 알려져 있습니다.

연호는 중국에서 비롯되어 한자를 사용하는 아시아의 군주국가에서 쓰던 것으로 왕조의 연도를 기록하지 않고 군주의 재위에 따라 해를 세는 것을 말합니다. 우리나라의 독자적인 연호를 사용한다는 것은 당나라의 간섭에서 벗어나려는 의지를 보이는 것이었습니다.

광개토대왕은 왕위에 오르자마자 백제의 북쪽을 공격하여 석현성을 비롯한 10개의 성을 함락시켰습니다. 396년에는 직접 군사를 이끌고 백제를 공격해 아신왕(백제의 17대 왕)의 항복을 받아 내고 58개의 성을 차지했습니다. 400년에는 신라 내물왕의 요청으로 5만의 군사를 보내 왜구를 물리치고, 407년에는 다시 백제를 공격하여 완전하게 백제를 제압했습니다. 이에 그치지 않고 연나라의 숙군성을 쳐서 빼앗고 현도, 요동의 두 성도 모두 함락시켜 만주의 드넓은 땅에 고구려의 이름을 새겼습니다.

그 시대엔 또 무슨 일이 있었을까?

백제의 관미성을 함락시키다

광개토대왕은 왕위에 오르자마자 4만 군사를 이끌고 단숨에 백제의 10개 성을 차지했습니다. 이에 그치지 않고 광개토대왕은 관미성을 차지하기 위해 부대를 7개로 나누어 20일 동안 쉴 새 없이 공격을 퍼부었습니다. 관미성은 지금의 강화도로 추정되는데 수군의 기지인 동시에 대규모의 조선소가 있는 곳이었습니다. 해전에 약한 고구려의 힘을 키우기 위해 광개토대왕은 꼭 관미성을 정벌해야 했습니다.

마침내 전투에서 이겨 관미성을 정벌하고 진사왕이 죽음을 맞이했습니다. 진사왕이 죽고 아신왕이 왕위에 올라 수곡성과 관미성 등을 되찾으려고 3년 동안 고구려를 공격했지만 실패로 돌아갔습니다. 396년에는 광개토대왕이 직접 백제 정벌에 나서 58개의 성과 700개의 마을을 정복하고 백제의 수도인 위례성을 포위했습니다. 아신왕은 왜병까지 끌어들여 끝까지 고구려에 대항했지만 끝내 광개토대왕을 막지 못하고 항복해야 했습니다.

▲ 광개토대왕 영토 확장
광개토대왕은 정복 군주로서 백제의 한성을 침공하여 임진강과 한강선까지 진출하였고, 신라 내물왕을 원조하여 왜구를 격퇴하였다. 북으로는 후연을 쳐서 요동을 차지하고 숙신을 복속시켜 만주와 한반도에서 우월한 위치를 확보하였다.

후연의 멸망

402년에 광개토대왕은 후연을 공격하기 시작했습니다. 후연은 5호 16국의 하나로 연나라의 후세 모용수가 부흥시킨 선비족의 나라입니다. 소수림왕과 고국원왕 때부터 악연이었던 후연을 멸망시킨 일은 광개토대왕의 정복활동 중 가장 돋보이는 일이었습니다.

광개토대왕이 평주자사 모용귀가 있는 순국성을 공격하자 모용귀는 성을 버리고 달아났습니다. 404년에는 기습적으로 북경지역인 후연의 연군을 기병과 수군으로 공격해 후연을 혼란에 빠트렸습니다. 405년 화가 난 후연의 왕 모용희가 고구려의 요동성을 공격했지만 오히려 고구려군에게 지고 말았습니다. 다음해 모용희는 고구려의 속국인 거란을 공격하다 실패하고 고구려군과 거란군에게 약 3,000리나 쫓겨 다니는 신세가 되었습니다. 407년 광개토대왕은 5만의 군사로 후연을 사방에서 공격해 갑옷 1만 여 벌을 비롯한 수많은 군수물자를 빼앗으며 크게 승리를 했습니다.

이렇게 고구려에 계속 패하자, 후연은 내분이 일어나 풍발이라는 자가 고구려 사람 고운을 왕으로 추대하여 북연을 세웠습니다. 광개토대왕은 고운을 북연의 왕으로 인정하고 그 지역에서 철수했습니다.

광개토대왕릉비

414년 장수왕은 아버지 광개토대왕의 업적을 기리는 큰 비석을 무덤 곁에 세웠습니다. 이 비석은 현재 중국 길림성 집안시에 있습니다. 높이 6.39m, 너비 1.3~2m의 사각 기둥 모양의 돌에 15cm 크기의 글자가(1,775개) 촘촘하게 새겨져 있습니다.

세계에서 가장 큰 비석으로 알려져 있으며, 비에 새겨진 내용이 1600년 전 고구려인들이 직접 기록한 것이라 남다른 가치를 지녔습니다.

비에는 고구려 건국신화와 유리왕, 대무신왕, 광개토대왕의 행장(평생 살아온 일)이 기록되어 있습니다. 또, 광개토대왕 때 이루어졌던 정복활동과 영토관리에 대한 내용이 연대순으로 기록되어 있으며 능을 관리하는 수묘인 연호의 숫자와 차출방식, 수묘인의 매매금지에 대한 규정들이 기록되어 있습니다.

▲ **광개토대왕릉비**
높이는 6.39m로 한국 최대의 크기로 고구려 문화의 한 단면을 보여 준다. 너비는 1.38~2.00m이고, 측면은 1.35m~1.46m로 불규칙하다.

알아 두세요

소수림왕(?~384)

고구려의 17대 왕으로 374년부터 384년까지 고구려를 다스렸습니다. 이름은 구부이며 해미유왕이라고도 합니다. 372년에 중국 전진에서 순도가 불상과 경문을 가져오자 이를 받아들여 고구려에 불교를 수입했습니다. 같은 해에 교육기관인 태학을 설립했습니다. 태학은 유교적인 정치이념에 충실한 인재를 양성하는 곳이었습니다.

373년에는 율령(법률)을 반포(세상에 널리 퍼뜨려 모두 알게 하다)하여 나라를 다스리고 사회질서를 유지하기 위한 규범들을 갖추었습니다. 이러한 소수림왕의 체제 정비 시책들을 바탕으로 고구려는 5세기에 최대의 전성기를 누렸습니다.

장수왕(394~491)

고구려의 20대 왕으로 광개토대왕의 맏아들입니다. 장수왕은 도읍을 국내성에서 평양으로 천도하고, 남하정책을 추진했습니다.

장수왕의 남하정책에 위협을 느낀 신라와 백제는 '나제동맹'을 맺고 고구려에 대항하려 했습니다. 장수왕은 승려 도림을 백제에 첩자로 보내고 475년에는 군대를 이끌고 백제를 공격하여 한성을 함락시켜 개로왕(백제의 21대 왕)을 죽였습니다.

▲ 전등사 대웅전
인천 강화군 길상면 온수리에 있는 전등사의 법당. 전등사는 고구려 소수림왕 11년(381) 아도화상이 세웠다고 전하지만 고려 중기까지의 역사는 확실히 알 수 없다. 보물 제178호.

무용총

중국 지린성 지안현 퉁거우에 있는 고구려의 고분으로 광개토대왕릉비에서 북서쪽으로 약 1km 지점에 있으며 각저총과 나란히 있습니다. 회반죽을 두껍게 칠한 벽면에는 벽화가 그려져 있는데 주실 정벽의 접객도는 이 무덤의 주인공인 듯한 인물이 앉아 있고 그와 대화하듯 두 사람의 삭발한 승려가 곁에 앉아 있으며 시중을 드는 아이 셋이 함께 그려져 있습니다. 뿐만 아니라, 무용총 안에는 수렵도가 그려져 있는데 고구려인의 기상이 잘 드러나 있는 모습입니다.

▲ 1 무용총 〈수렵도〉 2 무용총 〈무용도〉
중국 둥베이 지안현 퉁거우에 있는 고구려의 고분 벽화로 고려인들의 기상이 잘 나타나 있다.

광개토대왕 공적기념호우

광개토대왕의 공적을 기리기 위하여 만들어진 것으로 경북 경주에 있는 호우총에서 출토되었습니다. 높이 19.4cm, 그릇의 깊이는 10cm, 몸통의 지름 24cm 정도 되는 뚜껑 딸린 함입니다.

그릇 밑받침에는 '을묘년 국강상 광개토지호태왕 호우십'이라는 돋을새김한 글이 있는데 '고구려 19대 광개토왕이 돌아가신 지(412년) 3년 후인 을묘년(415년) 만주 집안 국강상에 영원히 잠드신 광개토왕을 기념하는 항아리(호우총 발굴보고서 중. 1948년)'라는 내용입니다. 이 글자는 광개토대왕비에 새겨진 비문과 같은 글씨체로 제조연대가 비교적 뚜렷한 것으로 고구려 때의 공예품이란 점에서 매우 귀중한 유물입니다.

 초등 사회과 탐구 6-1

백제의 전성시대를 이룬
근초고왕

근초고왕과 태자 수는 눈앞에 펼쳐진 고구려의 진지를 둘러보았습니다. 고구려 군사들은 창과 화살을 들고 고국양왕 뒤로 늘어서 있었습니다.

"아바마마, 우리 군사들보다 훨씬 많은 숫자이옵니다."

"그렇구나."

근초고왕은 수심에 찬 얼굴로 고구려인들을 쳐다보았습니다.

"벌써 여러 차례 전쟁으로 저들도 우리도 많은 군사들을 잃었다. 그런데도 이 전투를 계속해야만 하니 안타깝구나."

"이번 전투에서 끝을 보아야 합니다. 그래야 다시는 고구려가 우리 백제를 넘보려 하지 않을 것입니다."

수는 병사들을 걱정하는 근초고왕에게 단호히 말했습니다.

"네 말이 맞다. 여기서 끝을 내야 더 이상 병사들이 다치지 않을 것이다."

"제가 앞장 서 고구려 왕의 목을 가져오겠습니다."

"부디 힘껏 싸워 우리 백제군의 기상을 드높이거라!"

근초고왕의 명령이 떨어지자 수는 막고해를 비롯한 여러 장군들과 함께 고구려 군을 향해 돌진했습니다.

수의 갑작스런 공격에 고구려 군사들은 당황했습니다. 날아오는 화살을 막느라 정신이 없었습니다. 화살에 맞아 군사들이 픽픽 쓰러져 나갔습니다.

"왕이 쓰러졌다!"

백제군과 맞서 싸우던 고국양왕이 백제군이 쏜 화살에 맞아 쓰러졌습니다. 왕을 잃은 고구려 군사들은 달아나기 시작했습니다.

수는 이를 놓치지 않고 도망치는 고구려 군사들을 쫓아 고구려의 본진을 빼앗았습니다. 근초고왕은 늠름한 태자의 모습에 가슴이 뿌듯해졌습니다.

"불을 질러라. 그리고 도망친 고구려 군사들을 뒤쫓아라."

수가 백제군에게 소리쳤습니다. 그때 한 장수가 달려 나와 근초고왕 앞에 무릎을 꿇었습니다.

"마마, 소인 사기이옵니다."

사기는 몇 해 전까지 백제인들의 말발굽을 만들던 사람이었습니다. 당시 백제나 고구려에는 소나 말을 죽이거나 다치게 하면 큰 벌을 받아야 했습니다. 사기는 말발굽을 잘못 만들어 말을 다치게 한 죄를 짓고 죽음이 두려워 도망쳤었습니다.

"네 놈이 왜 여기에 있는 것이냐!"

수는 칼을 뽑아 사기의 목을 겨누었습니다.

"소인, 말발굽을 상하게 한 큰 죄를 짓고 고구려로 도망쳤습니다."

"배신자 같으니라고!"

"소인 백 번 죽어 마땅하나 마지막으로 백제를 위해 싸우다 죽겠습니다."

"네 말을 믿으라는 것이냐?"

수가 칼을 번쩍 들어 올리자 근초고왕이 이를 말렸습니다.

"그래, 무슨 수로 고구려군을 이길 수 있다는 것이냐?"

근초고왕은 다정한 목소리로 물었습니다.

"소인이 고구려 군들을 살펴본 바로는 맨 앞에 선 붉은 깃발을 꽂은 군사들만이 정식으로 훈련을 받은 사람들이옵고, 나머지는 모두 오합지졸들이옵니다. 그러니 붉은 깃발을 꽂은 군사들을 공격하시옵소서."

근초고왕은 사기의 말을 믿어 보기로 하고 수에게 군사들을 데리고 고구려 군사를 쫓게 했습니다.

과연 사기의 말대로 붉은 깃발을 꽂은 군사들이 앞서 달려가고 있었습니다. 수는 지름길로 달려가 붉은 깃발을 꽂은 군사들을 공격했습니다. 그들은 고국양왕의 시체를 가지고 있어서 더욱 완강하게 저항하며 고구려로 도망쳤습니다.

"저들을 뒤쫓아라."

수는 계속해서 그들을 쫓으려 했습니다. 그러자 막고해가 수를 가로막고 나섰습니다.

"마마, 이번 전투는 여기서 그치십시오. 이미 적의 왕을 쓰러뜨렸으니 더 이상 욕심을 내서는 안 됩니다. 도덕경에 보면 무릇 만족할 줄 알면 욕되지 않고, 멈출 줄 알면 위태롭지 않다고 했나이다."

"그대의 말이 맞다. 마음 같아서는 하늘 끝까지라도 저들을 쫓고 싶으나 다음을 생각해 참도록 하지."

수는 고구려를 대파하고 고국양왕을 전사시킨 승전보를 가지고 백제로 돌아왔습니다.

근초고왕

- ? ~ 375년
- 조고왕 또는 초고왕이라 부름
- 백제 제13대 왕

근초고왕은 비류왕의 둘째 아들로 태어나 백제를 크게 발전시킨 왕입니다.

369년 마한과 대방을 정복했으며 371년에는 평양성에서 고구려 군사를 무찌르고 고국원왕(고구려 16대 왕)을 전사시켰습니다. 이로써 백제는 지금의 경기, 충청, 전라도의 전부와 강원, 황해도의 일부까지 차지하여 강력한 국가의 기반을 마련했습니다.

백제의 금동관

근초고왕은 영토 확장뿐 아니라 외교에도 관심이 많았습니다. 먼저 수도를 한산으로 옮기고 중국의 동진에 사신을 보내서 조공을 건네며 국교를 맺었습니다. 양자강 하류지역을 점거하고 있던 남조의 문화를 받아들여 백제 문화를 발전시켰습니다.

근초고왕은 이에 그치지 않고 화려하게 꽃피운 백제의 문화를 일본에 전파시키기도 했습니다. 또 박사 고흥에게 백제의 역사서인 〈서기〉를 쓰게 했습니다.

근초고왕 때의 백제는 강력한 군사력과 경제력을 바탕으로 하여 중국의 요서지방과 산둥지방, 일본의 규슈지방에까지 진출할 수 있었습니다. 이것을 계기로 하여 백제의 왕권은 강화되었으며 부족연맹 세력이 강했던 백제인들을 하나로 통합하고 부자상속에 의한 왕위 세습 제도를 확립시켰습니다.

그 시대엔 또 무슨 일이 있었을까?

백제와 고구려의 전투

백제와 고구려 사이에 있던 낙랑군이 고구려의 미천왕에 의해 쫓겨나면서부터 백제는 고구려의 위협을 느끼기 시작했습니다. 더군다나 중국의 모용선비족들이 고구려를 괴롭히며 요동으로의 진출을 막고 있어서 고구려는 어쩔 수 없이 남쪽으로 눈을 돌려야 했습니다. 이 때문에 남쪽에서 세력을 떨치기 시작한 백제와 부딪칠 수밖에 없었고, 두 나라는 옛 대방군의 영토를 사이에 두고 잦은 전쟁을 벌이게 되었습니다.

▲ 왕인 박사 유적지
전라남도 영암군 군서면 동구림리. 박사의 탄생지인 성기동과 성천, 유허비, 책굴 문산재 등이 있다.

369년 근초고왕 24년, 고국원왕이 즉위 39년 되던 해에 치양에서 첫 전투를 하게 됩니다. 이 전투에서는 태자 수를 앞세운 근초고왕이 승리를 했고, 그로부터 2년 뒤인 371년에 고구려의 고국원왕이 또다시 대규모의 군사력을 이끌고 백제를 공격했습니다. 이 전투에서 근초고왕은 기습공격을 하여 고국원왕을 전사시키고 전쟁을 승리로 이끌었습니다.

칠지도

근초고왕 때 만들어진 것으로 왜나라의 왕 지에게 하사한 칼입니다. 현재 일본 나라현 덴리시 이소노카미 신궁에 보관되어 있고 1953년에 일본의 국보로 지정되었습니다. 길이는 74.9cm 정도 되는 칼로 곧은 칼날에서 좌우로 각각 가지칼이 세 가지씩 뻗어 있습니다.

칠지도의 표면에는 60여 자의 글이 새겨져 있습니다. '태화 4년 9월 16일 병오일 정오에 무쇠를 백 번 두들겨 칠지도를 만들었다. 이 칼은 재앙을 피할 수 있으므로 마땅히 후왕에게 물려 줄 만하다. 선세 이래 아무도 이런 칼을 가진 적이 없으니 후세에 전하라' 는 내용입니다.

▶ 칠지도

일본으로의 문화 전파

근초고왕은 백제의 문화를 일본에 전파시키는 데도 적극적이었습니다. 왕인 박사에게 〈논어〉 10권과 〈천자문〉을 가지고 왜나라로 가게 하여 왜나라의 태자뿐 아니라 왜나라의 신하들에게도 〈논어〉와 〈천자문〉을 가르치게 했습니다. 왕인 덕분에 왜나라는 한문학을 익히고 왕과 신하가 지켜야 할 덕을 배우게 되었습니다. 이를 바탕으로 일본은 나라의 기초를 세우게 되었습니다.

왕인은 왜나라에서 여생을 보냈으며, 그의 후손들도 일본의 서부에 살며 대대 손손 왜나라 왕실의 기록을 담당하는 관리 생활을 했다고 전해집니다.

왕인에 대한 기록은 우리나라 역사책에 기록되어 있지 않지만 일본의 역사책인 〈고사기〉와 〈일본서기〉에는 자세하게 기록되어 있으며, 일본에는 왕인 박사의 무덤도 있습니다.

▲ 백제 왕인 박사 유허비
왕인 박사의 위덕을 기리기 위해 노산 이은상 선생이 지은 글을 1976년 왕인 박사 현창협회에서 탄생지인 성기동 거북비에 새겨 넣었다.

알아 두세요

비류왕(?~344)

　백제의 11대 왕으로 근초고왕의 아버지입니다. 304년부터 344년까지 나라를 다스렸습니다. 성품이 너그럽고 인자하며 힘이 세고 활을 잘 쏘는 장수였습니다. 오랫동안 백성들과 섞여 생활하여 서민들의 어려운 실정을 잘 알아 왕위에 오른 뒤에도 백성들의 질병과 고통을 잘 살폈습니다. 또 홀아비, 과부, 고아, 늙고 병들어 외롭게 지내는 자들을 보살펴 주었습니다.

근구수왕(?~384)

　백제 14대 왕이며 근초고왕의 아들입니다. 수, 귀수, 근귀수 등 여러 개의 별칭이 있습니다. 근구수왕은 부왕의 명령을 받고 반걸양에서 고구려와 싸워 격퇴시키고 수곡성까지 영토를 넓혔습니다. 377년 10월에는 고구려의 평양성을 침략하고 아버지의 뒤를 이어 정복사업에 적극적이었으며 상업 활동도 활발히 하였습니다. 중국, 일본과 국교를 맺고 중국의 문화를 받아들여 일본에 전파시키기도 했습니다.

아직기(?~?)

　백제의 학자로 근초고왕 때 말 두 필을 끌고 왜나라 사신으로 갔습니다. 근초고왕의 명령으로 좋은 말을 왕에게 선사하고 기르는 일을 맡아 보았습니다. 왜나라의 왕은 그가 경서에 뛰어난 것을 알고 태자의 스승

▲ 백제의 군량미를 저장하던 군창터

▲ 공산성
백제 시대 도읍지인 공주를 방어하기 위해 쌓은 산성으로 백제 때에는 웅진성으로 불렸다가 고려 시대 이후 공산성으로 불렸다. 충남 공주시 산성동에 소재.

으로 삼았습니다. 왜나라에 왕인을 소개한 사람이기도 합니다.

막고해(?~?)

백제 중기의 장군으로 알려져 있는 인물입니다. 근초고왕의 명령으로 태자 근귀수와 함께 반걸양에서 고구려와의 전투를 승리로 이끌었습니다. 도망치는 고구려군을 쫓아 수곡성 서북까지 달려가려는 근귀수에게 "그칠 때를 알면 위태롭지 않다."는 말로 군사를 돌리게 했습니다. 전쟁에서도 용감한 장군이었을 뿐 아니라 도학에도 뛰어난 장수였습니다.

고흥(?~?)

근초고왕 때의 학자로 〈서기〉를 편찬하고 유학과 관련된 분야에서 활동했습니다.
〈삼국사기〉의 '백제본기'에 따르면 "옛 기록에 이르기를 백제는 나라를 세운 이래 문자로 일을 기록한 적이 없었는데, 근초고왕대에 이르러 박사인 고흥을 얻게 되니 비로소 서기書記를 갖게 되었다고 한다. 그러나 고흥이 다른 책에 나온 적이 없어서 그가 어떤 사람인지 알 수 없다."는 기록이 있습니다. 이것이 박사 고흥에 관한 유일한 기록입니다.

 초등 사회과 탐구 6-1

신라의 충신 박제상

　봇짐을 등에 진 한 남자가 강가에 서 있었습니다.
　'언제 돌아올지 모를 길이로구나.'
　남자는 궁궐을 향해 큰 절을 올리고 강나루에 있는 배에 몸을 실었습니다.
　"어디로 가시오?"
　"이리저리 떠도는 행상이오."
　남자는 근심어린 얼굴로 먼 산을 바라보았습니다. 그는 다름 아닌 박제상이었습니다.
　임금의 걱정을 덜어 주기 위해 고구려에 볼모로 잡혀 있는 복호를 구하러 가는 길이었습니다.
　고구려 땅에 들어선 박제상은 곧바로 복호를 찾아갔습니다.
　"마마, 소신 박제상이옵니다. 폐하께서 마마를 모시고 오라는 명을 내리셨습니다."
　복호는 눈물을 글썽이며 박제상의 손을 잡았습니다. 박제상은 5월 보름에 압록강을 건널 것이니 달골에 있는 나루터로 나오라 일렀습니다.
　마침내 보름이 되자 복호는 아무도 몰래 집을 빠져 나와 달골로 달려갔습니다.
　"마마, 여기 옵니다. 어서 배에 오르십시오."
　박제상은 헐레벌떡 달려온 복호를 배에 태웠습니다. 배는 소리도 없이 압록강을 미끄러져 나갔습니다. 박제상과 복호는 뒤에서 누가 따라올까 걱정스러워 잠시도 쉬지 않고 신라까지 달렸습니다.
　"왔구나, 네가 왔어!"

복호를 본 눌지왕은 동생을 부둥켜안고 크게 기뻐했습니다.

"이 자리에 미사흔도 있었더라면 얼마나 좋겠느냐!"

눌지왕은 복호가 돌아온 것이 기쁘면서도 왜나라에 잡혀 있는 미사흔 때문에 또다시 근심에 빠졌습니다. 이것을 본 박제상은 한 치의 망설임도 없이 왜나라로 달려갔습니다.

왜나라에 도착한 박제상은 곧바로 왜나라의 왕을 찾아갔습니다.

"왜나라에 뼈를 묻을 수 있도록 허락해 주십시오."

"신라의 신하가 어찌하여 고국을 버렸는가?"

"신라의 임금이 저의 부모와 자식, 아내를 죽였습니다. 더 이상 그곳에서 살 수가 없어 이곳으로 온 것이니 부디 저를 받아 주십시오."

박제상은 충성을 다해 임금으로 섬기겠다는 약속을 하고 왜나라의 왕을 위해 열심히 일했습니다.

매사 지혜롭고 영특한 박제상은 곧 왜나라 임금의 신임을 얻게 되었습니다. 왜나라의 국사를 살피는 동시에 박제상은 미사흔과도 가깝게 지낼 수 있었습니다.

박제상은 미사흔을 데리고 자주 강가로 나갔습니다. 강가에서 낚시를 하며 신라로 돌아가기 위한 계획을 짰습니다.

어느 날, 박제상은 강가에 안개가 자욱하게 끼인 것을 보게 되었습니다. 안개는 때가 되면 짙게 끼었다 사라지곤 했습니다. 박제상은 그 안개를 이용하여 미사흔을 구출하기로 했습니다.

"마마, 이제 고국으로 돌아가실 때가 되었습니다."

박제상은 미사흔에게 자신의 존재를 알렸습니다. 그리고 왜나라에 들어와 있던 신라 사람 강구려를 소개했습니다.

"이 자가 마마를 신라로 모실 것입니다."

박제상은 안개가 자욱한 날이 되기를 기다렸습니다. 마침내 그날이 오자 박제상은 서둘러 미사흔을 배에 실어 신라로 떠나보냈습니다.

"부디 무사히 돌아가시옵소서."

"무슨 말이오. 어서 배에 오르시오. 함께 가야지요."

미사흔은 박제상의 손을 이끌었습니다.

"아니옵니다. 소인은 이곳에서 할 일이 있사옵니다."

박제상은 미사흔의 손을 뿌리치고 강구려에게 어서 떠나라고 명령했습니다.

박제상은 멀어지는 배를 향해 큰 절을 올렸습니다. 함께 돌아가고 싶었으나 남아서 미사흔을 쫓을 왜군을 막아야 했습니다. 그것이 마지막으로 자신이 섬기는 왕을 위해 할 수 있는 일이었습니다.

박제상의 충절은 온 신라에 퍼졌고, 눌지왕은 그의 죽음에 가슴 아파하며 벼슬을 내리는 것으로 아픔을 대신했습니다. 훗날에도 박제상은 신라의 충신이라며 높이 평가되고 있습니다.

박제상

363 ~ 419
이름이 모말 혹은 모마리질지
신라 눌지왕 때의 충신

신라 시대의 금관

〈삼국사기〉 열전의 박제상 전에 따르면 박제상은 박혁거세의 후손이자 파사이사금의 5세손으로 파진찬 물품의 아들이라 전해집니다. 지혜롭고 영특하기로 이름나 일찍이 벼슬길에 올랐습니다. 박제상은 삽량주간(신라의 9주 가운데 지금의 경남 양산 지역에 둔 행정 구역)이라는 직책에 있다가 눌지왕의 부탁으로 고구려와 왜국에 볼모로 잡혀 있던 눌지왕의 아우 복호와 미사흔을 무사히 탈출시킵니다. 그러나 자신은 왜군에 붙잡혀 처참한 죽음을 당합니다. 발 가죽이 벗겨져 갈대밭을 걷고, 시뻘겋게 달군 뜨거운 철판을 걸어도 왜나라에 굴복하지 않은 박제상은 끝내 목도로 가서 불에 타 죽었습니다. 박제상의 활약으로 두 동생이 무사히 돌아오자 눌지왕은 잔치를 베풀고 노래를 지어 불렀습니다. 그 노래가 바로 '우식곡' 입니다.

미사흔을 탈출시키고 나서 박제상이 죽임을 당했다는 소식이 전해지자 눌지왕은 크게 슬퍼하며 박제상에게 대아찬이라는 벼슬을 내렸습니다. 또 미사흔은 박제상에게 은혜를 보답하고 그의 가족을 위로하기 위해 박제상의 둘째딸 아영과 결혼합니다.

일본의 '유방원사적'에는 박제상에 대해 "그가 죽던 날 그를 태워 죽인 불길이 하늘로 치솟아 청천벽력(맑은 하늘에 치는 날벼락)으로 변해 왜왕을 기절하게 만들었고, 그를 태워 죽인 군사들은 모두 피를 토하고 죽었으며, 신라를 치려고 바다를 건너가던 군사들은 큰 풍랑을 만나 모두 죽었으니 다시는 신라를 칠 엄두를 내지 못했다."고 기록되어 있습니다.

그 시대엔 또 무슨 일이 있었을까?

망부석 전설

망부석은 아내가 멀리 떠난 남편을 기다리다가 죽어서 화석이 되었다는 전설의 돌을 가리키는 말입니다. 망부석 전설은 우리나라 각 지방에서 다양한 이야기가 전해지는데 그 중 가장 유명한 이야기가 바로 박제상의 부인 국대부인에 대한 것입니다.

박제상이 왜나라에 볼모로 잡혀 있는 미사흔을 구하려고 왜나라로 떠나자 부인 김 씨는 세 딸을 데리고 치술령에 올라 매일같이 왜나라를 바라보며 눈물을 흘렸습니다. 미사흔은 돌아오고 박제상은 왜군에 잡혀 죽임을 당했다는 소식을 듣자, 부인은 통곡하다 그 자리에 굳어 돌이 되었습니다. 뒷날 사람들은 그 바위를 망부석이라 부르게 되었습니다.

김 씨의 몸은 망부석이 되고 넋은 치술조로 변하여 목도까지 날아가 남편의 넋과 함께 신라로 돌아왔습니다.

어느 날, 새 한 마리가 왕이 있는 곳으로 날아와 구슬픈 소리로 노래를 불렀습니다. "목도의 넋을 맞아 고구에

▼ 망부상
약간 긴 저고리를 입고, 머리는 양쪽으로 쪽을 짓고 두 손을 마주잡고 서 있는 모습이다. 남편을 기다리다가 망부석이 되어 버린 여인의 덕을 기려 매년 제례를 지낸다.

돌아왔으나 뉘가 그것을 알리요."라는 글자를 땅에 새기고 날아가자 왕이 그것을 이상하게 여기고 신라로 하여금 새를 뒤쫓게 했습니다. 새가 치술암 바위틈 속으로 들어갔다는 말을 듣자 왕은 비로소 그 새가 슬픔에 겨워 죽은 박제상의 부인 김 씨임을 알게 되었습니다. 왕은 '은을암'을 지어 제사를 지내 박제상과 김 씨의 명복을 빌었습니다. 은을암은 현재 울산 울주군 범서면에 있습니다.

치술령곡

신라 때에 전해진 가요로 박제상의 죽음을 슬퍼하던 부인이 죽어 망부석이 되어 치술령(울산과 경주의 경계에 있는 언덕)의 신모가 된 것을 기리며 백성들이 지어 부른 노래입니다. 현재 이 노래의 내용은 전해지지 않고 〈증보문헌비고〉(1908)에 그 유래만 기록되어 있습니다.

볼모로 잡혀간 복호와 미사흔

402년 내물왕이 세상을 떠나자 동생 실성왕이 왕위를 이었습니다. 실성왕은 왕위에 오르자 왜국과 국교를 맺기 위해 내물왕의 아들 미사흔을 볼모로 보냅니다. 그럼에도 불구하고 왜국은 신라의 명활성을 공격하고 노략질을 하며 신라를 괴롭혔습니다. 실성왕은 신하들을 불러 모아 왜군들을 물리치라고 합니다.

신하들은 신라군이 대마도로 달려가는 사이에 고구려가 쳐들어올지 모른다며 반대했습니다. 실성왕은 고구려와의 우호를 다지기 위해 내물왕의 다른 아들 복호를 고구려에 볼모로 보냅니다. 실성왕이 즉위하기 전 내물왕이 자신을 고구려에 볼모로 보냈던 것에 대한 보복으로 내물왕의 아들 하나는 왜나라에, 또 하나는 고구려에 보내 버린 것입니다.

알아 두세요

눌지왕(?~458)

　신라의 19대 왕으로 내물왕의 큰아들입니다. 417년에 실성왕을 죽이고 왕위에 올라 41년간 나라를 다스렸습니다. 즉위하여 박제상으로 하여금 왜나라와 고구려에 볼모로 가 있는 두 동생을 데려오게 했습니다. 423년에는 나라 일을 의논하던 곳에서 노인을 위한 잔치를 열어 몸소 음식을 대접하고 곡식과 좋은 비단을 골고루 나누어 주기도 했습니다. 또 백성들에게 소를 이용한 수레의 사용법을 가르치기도 했습니다. 455년 고구려가 백제를 공격하자 백제와 동맹을 맺고 백제를 도와줍니다. 눌지왕이 재위하는 동안 묵호자(고구려의 승려)가 처음으로 신라에 불교를 전파합니다.

백결 선생(?~?)

　본명은 박문량으로 신라 자비왕 때 거문고의 명인으로 알려져 있습니다. 박제가의 아들로 천성이 청렴결백하여 항상 가난 속에서 깨끗하고 진솔하게 살았으며 거문고를 즐겼습니다. 백 군데나 기운 누더기 옷을 입고 살았다고 하여 사람들이 백결 선생이라 불렀습니다. 이로 인해 호를 백결로 하고 이름을 고쳐 누랑이라 했습니다. 섣달 그믐날 사방에서 떡방아 찧는 소리가 요란하자 부인의 마음을 달래기 위해 거문고로 방아 찧는 소리를 냈다는 이야기는 매우 유명한 일화입니다.

실성왕(?~417)

　신라의 제18대 왕으로 392년 내물왕 37년에 고구려에 볼모로 잡혀 있다가 401년에 귀국했습니다. 내물왕이 죽고 태자가 너무 어려 18대 왕으로 즉위하였습니다. 실성왕은 내물왕의 아들 마사흔을 일본으로, 복호는 고구려에 볼모로 보내 수호를 맺고 내물왕의 어린 태자 눌지까지 죽이려다 되려 죽임을 당했습니다.

박제상 순국비

박제상의 충절을 기리기 위해 대마도에 세워진 비입니다. 박제상 순국비가 대마도에 있는 이유는 박제상이 죽었던 장소인 목도가 대마도로 추정되기 때문입니다. 순국비는 황수영 교수와 대마도의 향토사가 '나가도메 히사에' 씨의 노력으로 1988년에 세워졌습니다.

▲ 박제상 순국비
나가사키현 쓰시마. 쓰시마 북단 사고에 소재.

박제상 유적지

박제상의 충절을 기리기 위한 유적지입니다. 1979년 10월 9일에 울산광역시 기념물 제1호로 지정된 '박제상유적'에는 치산서원, 박제상의 위패와 영정을 모신 사당 충렬묘, 박제상 부인 김 씨의 위패와 영정을 모신 사당 신모사, 장녀, 삼녀의 위패와 영정을 모신 사당 쌍정려가 있습니다. 또 박제상의 아들로 알려진 백결 선생의 초상을 모신 사당 효충사도 있습니다.

▼ 경양사
박제상의 위패를 모신 사당이다.

초등 사회과 탐구 6-1, 중등 국사

고구려의 명장
을지문덕

평안남도 증산군 석다리에 있는 석다산에 하루가 멀다 하고 찾아오는 어린 소년이 있었습니다.

소년은 너럭바위에 앉아 정신 수양을 하기도 하고, 웃옷을 벗어 던지고 무술 연습을 하기도 했습니다. 그러다 해가 지면 어디론가 사라졌다 다시 해가 뜨면 석다산을 찾아왔습니다.

오늘도 소년이 석다산에 올라왔습니다.

"으라차차!"

소년은 하늘을 가르며 무술 연습에 열중했습니다. 얼마나 연습을 했는지 땀이 비 오듯 흘러내렸습니다.

'잠시 쉬었다 하자.'

소년은 너럭바위에 벌렁 드러누웠습니다. 시원한 바람 한줄기가 불어와 소년의 땀을 씻어 주었습니다.

땀을 식히던 소년은 깜빡 잠이 들었습니다. 순간 하얀 수염을 발치까지 늘어뜨린 산신령이 나타났습니다.

"무예 실력이야 널 따라올 자가 없겠구나. 이제부터는 지혜를 쌓도록 하여라. 지혜는 네 목숨을 비롯하여 수많은 백성들의 목숨까지도 구할 수 있는 최고의 무기니라."

산신령의 말에 깜짝 놀라 눈을 뜬 소년은 그날부터 굴속으로 들어가 책을 읽기 시작했습니다.

"지혜라……."

소년은 산신령의 가르침을 가슴에 새기며 쉼 없이 책을 읽었습니다. 그러다 지치면 밖으로 나가 정신수양과 더불어 무예실력을 키웠습니다.

그러던 어느 날, 소년은 책을 읽다 꾸벅꾸벅 졸고 있었습니다.

그때 어디선가 커다란 구렁이 한 마리가 굴속으로 미끄러지듯 들어왔습니다.

구렁이는 졸고 있는 소년을 향해 다가왔습니다.

아무것도 모르는 소년은 머리가 돌책상에 닿을 듯 말 듯하게 고개를 휘저으며 졸고 있었습니다.

"음냐, 음냐. 칼을 휘두를 때는 정신을 집중해야 해……음냐."

구렁이는 점점 소년에게 다가왔습니다. 마침내 졸고 있는 소년의 발치까지 다가왔습니다. 구렁이는 한입에 소년을 집어삼키려는 듯 입을 쩌억 벌렸습니다.

"쉬익, 쉬익!"

순간 소년이 눈을 번쩍 떴습니다. 눈앞에 커다란 구렁이 입이 보이자 소년은 칼을 빼들었습니다.

"맛 좀 봐라!"

소년은 칼로 구렁이의 머리를 내리쳤습니다.

"꽝!"

소년이 내리친 칼이 돌책상을 두 동강이 내며 구렁이도 함께 두 동강을 내버렸습니다. 구렁이는 꿈틀거리며 고통스러워했습니다.

"여기가 어디라고 감히 구렁이 따위가 나타나느냐. 나는 장차 이 나라를 이끌 훌륭한 장수가 될 몸이다!"

소년은 꿈틀거리며 죽은 구렁이를 양지바른 곳에 묻어 주었습니다. 구렁이가 고통스러워하며 죽어가던 모습이 자꾸 눈앞에 아른거렸습니다.

'고통을 주지 않고 적을 이길 수 있는 방법이 있다면 얼마나 좋을까.'

소년은 그 방법을 찾기 위해 더욱더 많은 책을 읽으며 공부에 열중했습니다. 물론 무술 연습도 게을리하지 않았습니다.

홀로 석다산에 올라 자신의 능력을 키운 이 소년이 바로 고구려의 명장 을지문덕이었습니다.

을지문덕

? ~ ?
고구려의 명장

을지문덕은 고구려 영양왕 때의 장군입니다. 언제, 어디서 태어났는지에 대한 기록은 없고 다만 평안도 일대에서 전해 내려오는 민간 전설만 있을 뿐입니다.

612년(영양왕 23)년에 수나라 우중문과 우문술이 113만 명의 수륙양군으로 고구려를 침범해 왔습니다.

을지문덕은 압록강에서 수나라와 맞서게 되었습니다. 당나라의 평양성 공격으로 고구려군이 함락될 위기에 놓이자, 을지문덕은 거짓으로 항복한다며 수나라 군

고구려 시대 벽화 〈각저총 씨름도〉

대로 걸어 들어갑니다. 그리고 을지문덕은 수나라 군사들의 형세를 정탐했습니다. 이를 알고 수나라 군사들이 을지문덕을 추격하자 을지문덕은 군사들과 함께 하루에도 예닐곱 번씩 거짓으로 패배를 가장한 후퇴작전을 써 수나라 군사들의 군사력을 소모시켰습니다. 그렇게 하여 수나라 군사들을 평양성에서 30리 밖까지 유인했습니다.

이미 을지문덕의 거짓 후퇴 작전으로 지칠 대로 지친 우중문은 군사를 돌리기로 하고 을지문덕이 열어 준 퇴각로로 후퇴했습니다. 우중문이 살수(청천강)를 절반쯤 건넜을 때 을지문덕은 막아 놓았던 물길을 터 수나라의 군사들을 몰살시켰습니다. 이를 살수대첩이라 합니다.

침착하고 대담하며 지략과 무용에 뛰어난 데다 학문까지 두루 갖춘 을지문덕은 수나라에 고구려의 위세를 떨친 최고의 장군 중의 장군으로 손꼽히고 있습니다.

그 시대엔 또 무슨 일이 있었을까?

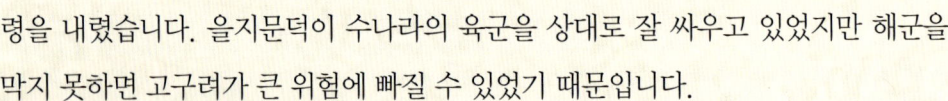

수나라의 해군을 물리친 고건무

612년 수나라 양제가 대군을 이끌고 고구려에 쳐들어오자 영양왕은 동생 건무에게 고구려의 수도인 장안성과 수나라 해군을 막으라는 명령을 내렸습니다. 을지문덕이 수나라의 육군을 상대로 잘 싸우고 있었지만 해군을 막지 못하면 고구려가 큰 위험에 빠질 수 있었기 때문입니다.

수나라는 고구려의 요동성을 공격하고 별동대를 꾸려 장안성을 공격해 왔습니다. 수나라의 해군은 육군에게 식량과 군수물자를 전달하고 그들과 함께 장안성을 공격하는 것이 최종 목표였습니다.

고건무는 그것을 미리 알고 육군과 해군이 만나지 못하도록 선공격 작전을 펼쳤습니다. 고건무는 군사들을 비어 있는 절터에 숨겨 놓고 정예 군사들만 모아 싸우다 지고, 싸우다 지는 것을 반복하며 후퇴했습니다. 작은 전투에서 고구려를 이겨 본 수나라 내호아는 신이 나서 고건무가 이끄는 고구려 군사들을 뒤쫓았습니다. 그러다 숨어 있던 고구려 군사들을 만나 크게 지고 맙니다. 내호아는 수많은 군사들을 잃고 후퇴했습니다. 이 전투로 고건무는 별동대와 내호아를 격리시키고, 을지문덕이 살수에서 전쟁을 승리로 이끌 수 있도록 조금의 도움을 주었습니다.

수와 고구려의 관계

589년 수나라가 중국을 통일시키면서 고구려는 요동의 위협을 받기 시작합니다.

598년 수나라 문제는 수륙군 30만으로 고구려를 침입했으나 고구려의 반격으로 퇴각합니다. 그 뒤 왕이 된 문제의 아들 양제가 612년 113만 대군으로 요하를 건너 요동성을 공격하지만 또다시 고구려에 패합니다. 양제는 다시 한 번 30만 병력으로 압록강을 건너 침입해 오지만 을지문덕과 고건무의 활약으로 크게 패하고 맙니다.

618년 내란으로 인해 수나라가 망하고 당나라가 건국됩니다. 고구려는 당나라의 태종이 즉위해 고구려를 침입하려 하자 천리장성을 쌓아 당나라를 멀리했습니다.

연개소문이 정권을 잡은 후부터는 당나라에 대한 태도가 더욱 강경해져 당나라와 손을 잡고 있던 신라를 백제와 함께 공격하기도 했습니다. 당나라 역시 갖가지 술수를 부리며 고구려를 공격할 틈만 엿보았습니다. 당나라는 제2차, 3차에 걸쳐 이적, 우진달, 설만철 등을 보내 고구려를 치려 했지만 고구려와의 전투에서 끝끝내 승리하지 못했습니다.

여수장우중문시

고구려의 장수 을지문덕이 지은 한시로 증수장우중문시라고도 합니다. 오언고시로 한국 최고의 한시로 알려져 있으며 〈삼국사기〉에도 실려 있습니다.

30만 대군을 이끌고 침략해 온 수나라의 장수 우중문에게 을지문덕이 지어 보낸 '여수장우중문시'는 살수까지 추격해 온 적장 우중문을 희롱하는 내용을 담고 있습니다.

神策究天文 귀신같은 그대의 꾀는
妙算窮地理 하늘과 땅의 이치를 꿰고 신묘한 전술은
　　　　　지리를 통달했네.
戰勝功旣高 전쟁마다 이겨 이미 그 공이 높으니
知足願云止 그에 만족하고 돌아가는 게 어떨까.

▲ 을지문덕 동상

알아 두세요

영양왕(?~618)

고구려의 26대 왕으로 590년부터 618년까지 나라를 다스렸습니다. 이름은 원, 대원이며 평원왕의 태자로 평양왕이라고도 합니다.

600년 태학박사 이문진에게 〈유기〉 100권을 재 편집, 수정하게 하고 다시 〈신집〉 5권을 만들게 했습니다. 〈유기〉는 고구려의 역사책으로 고구려가 한자를 사용한 이후에 남긴 역사 기록입니다. 〈신집〉은 유기 100권을 간추려 5권으로 요약한 것입니다.

양제(569~618)

중국 수나라의 2대 황제입니다. 간악한 계략에 뛰어나 형인 황태자 용을 물러나게 하고 스스로 황태자가 되었습니다.

만리장성을 보수하고 대운하를 완성했습니다. 3차례에 걸쳐 고구려를 침입하였으나 모두 실패하고 백성들을 힘들게 했습니다. 612년 고구려 침입 때 을지문덕의 살수대첩으로 크게 대패했습니다.

613년 양현감의 반란을 시작으로 곳곳에서 일어난 반란과 나라에 든 기근과 수해 때문에 곤란을 겪게 됩니다. 결국 말년에는 사치스러운 생활을 하다가 신하 우문화급에게 죽임을 당했습니다.

▼ 온달산성
고구려 평원왕의 사위 온달이 신라군의 침입 때 이 성을 쌓고 싸우다가 전사하였다는 전설이 있는 옛 석성입니다.

▲ 을지문덕 살수대첩 기록화
612년(영양왕 23) 고구려가 수나라 양제의 침공을 격퇴하고 대승리를 거둔 싸움이다.

우문술(?~?)

중국 수나라의 장군으로 진나라를 평정한 공으로 안주 총관이 되었습니다. 612년 고구려 영양왕 때 부여도군장으로 우중문과 함께 30만여 명의 대군을 이끌고 고구려를 침입해 왔으나 을지문덕의 지략으로 살수에서 크게 패했습니다.

우중문(?~?)

중국 수나라의 장수로 북주의 하남도 행군총관으로 하남 지방의 반란을 진압한 장수입니다. 수나라의 좌익위대장군이 되었으며, 양제의 고구려 침입 때 우문술과 함께 고구려를 침입했다, 을지문덕에 의해 살수에서 대패한 죄로 감옥에 갇히게 됩니다.

이후, 울분을 이기지 못하고 감옥에서 죽음을 맞이했습니다.

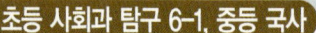

초등 사회과 탐구 6-1, 중등 국사

당나라에 맞서 싸운
연개소문

"쯧쯧쯔……. 귀한 목숨이 하늘의 부름을 받겠구나."

연태조의 집 앞을 지나던 노인이 혀를 찼습니다.

마침 귀하게 얻은 아들을 안고 나들이를 나왔던 연태조가 노인의 말을 듣게 되었습니다.

"하늘의 부름이라니, 그게 무슨 말씀이오?"

"이 집에 장차 이 나라를 짊어질 훌륭한 장군이 하나 나셨소."

"정말입니까? 내 나이 쉰에 아들 하나를 보았다오. 그 아이가 정말 그리 훌륭한 장군이 되겠소?"

"그러면 뭘 하나. 명이 짧아 금세 죽고 말 것을……안타깝군."

노인은 고개를 흔들며 돌아섰습니다.

"이, 이보시오. 그런 말이 어디 있소. 금방 죽을 거라니? 어떻게 얻은 자식인데 죽게 한단 말이오. 먼 훗날을 내다볼 줄 아는 사람이라면 사람 목숨 구하는 법도 알고 있을 터, 방법을 일러 주시오."

"아들을 살리고 싶다면 버리시오. 이리저리 훨훨 나는 듯 돌아다니다 보면 제 목숨은 제가 구할 것이오."

노인은 알쏭달쏭한 말만 남긴 채 떠났습니다.

다음 날부터 연태조는 근심 걱정에 잠을 이룰 수 없었습니다. 하나밖에 없는 아들을 버리자니 가슴이 타는 듯했고, 데리고 있자니 아들이 죽게 생겼으니 어떻게 해야 할 바를 몰랐습니다.

'어쩔 수 없다. 타는 가슴이야 훗날 네가 돌아오면 새 살이 돋을 테지만 죽는

목숨을 되살릴 수는 없지.'
연태조는 마음을 독하게 먹고 아이의 등에 '갓쉰동'이라는 이름을 새겨 넣었습니다.
'쉰동아, 어딜 가든 살아만 있어다오.'
연태조는 아무도 모르게 쉰동이를 내다 버렸습니다.
"응애, 응애!"
아기의 울음소리가 멀리 떨어진 유씨의 집에까지 들려왔습니다.
"웬 아기 울음소리냐?"
이상하게 여긴 유씨가 아기 울음소리를 따라 아기가 있는 곳까지 왔습니다.
"이런 곳에 아기가 버려져 있다니."

유씨는 아기를 안아 올렸습니다. 똘망똘망한 눈동자가 유씨를 보며 활짝 웃었습니다. 이마도 넓고 훤칠한 게 보통 아이와는 달리 보였습니다.

"아들이 없던 차에 마침 잘 되었다."

유씨는 아기를 데려와 씻겨 주었습니다. 아기의 등에 새겨진 이름을 보고 아기를 쉰동이라 불렀습니다.

쉰동이는 무럭무럭 자라 무예와 천문지리, 병서 등을 깨우쳤습니다. 또 대범하기로는 따라올 자가 없었습니다.

"큰 사내는 큰 물에서 놀아야지."

청년이 된 쉰동이는 달딸국이라는 곳으로 갔습니다. 그곳의 국왕 집으로 들어가 머슴살이를 시작했습니다.

쉰동이는 달딸국의 지형은 어떤지, 국왕은 어떤 사람인지 등을 눈여겨 보았습니다. 민첩함과 뛰어난 관찰력을 가진 쉰동이는 다른 머슴들과 섞여 있어도 돋보였습니다. 국왕의 아들은 그런 쉰동이를 자기 사람으로 만들고 싶었습니다. 그러나 그의 굽힐 줄 모르는 성미 때문에 위험한 인물이라 판단하고 쉰동이를 옥에 가두어 버렸습니다.

'여기서도 내 할 일은 없는 모양이다.'

쉰동이는 아무도 모르게 국왕의 집을 도망쳐 나와 어둠 속으로 사라졌습니다.

이리저리 떠돌며 제 할 일을 찾던 쉰동이는 다름 아닌 연개소문이었습니다. 연개소문이 청년이 되어 찾아간 달딸국은 당나라입니다. 당나라의 국왕 밑에 들어가 살다가 국왕의 아들 이세민이 자신을 죽이려 하자 도망쳐 온 것입니다.

훗날 연개소문은 대막리지가 되어 당나라의 간섭을 받지 않고, 당나라의 침입을 막아 냅니다. 이는 어려서 당나라 곳곳을 유랑하며 보고 배웠던 것을 토대로 결코 당나라가 고구려보다 위에 있지 않다는 것을 믿었기 때문에 가능한 일이었습니다. 특히 당 태종 이세민과 맞서서 늘 당당하게 고구려를 지킬 수 있었던 것도 그런 마음이 있었기 때문입니다.

연개소문

- ? ~ 666
- 별칭 천개소문, 개금
- 고구려 말기의 대막리지이며 고구려의 장군

연개소문은 고구려의 세력이 점차 약해지던 때 동부 대인 태조의 아들로 태어났습니다. 집안 대대로 막리지이자 대대로였던 아버지의 뒤를 이어 직위를 세습한 연개소문은 당나라의 침입에 대비하여 642(영류왕 25년)년에 천리장성을 쌓았습니다.

연개소문은 위엄 있는 인물이었습니다. 몸에 칼을 다섯 자루나 차고 다녀 사람들이 쉽게 다가오지 못하는 사람이었습니다. 그러나 항상 병사들과 함께 거적을 깔고 자고, 자신의 몸을 아끼지 않고 열성적으로 일을 하여 사람들로부터 존경을 받았습니다. 법은 공정하게 행하되 죄를 지은 사람은 가차 없이 벌을 주었습니다. 또 당나라에서 온 사신들을 대할 때도 늘 굽힘이 없어 사신의 존경을 받기도 했습니다.

연개소문

642년 10월 180여 명의 대신들과 영류왕을 죽이고 보장왕을 옹립한 뒤 최고의 관직인 대막리지가 됩니다.

643년에는 당나라에 사신을 파견하여 도교의 도사 8명과 도덕경을 들여와 새로운 사상으로 민심을 모았습니다.

644년 신라와 화해를 하라는 당나라 태조의 요구를 물리치고 그 사신을 옥에 가두어 버렸습니다. 이에 화가 나 쳐들어온 당 태종을 안시성에서 크게 물리쳤습니다. 그 후에도 4차례나 당나라의 침입을 받았지만 그때마다 모두 물리쳐 연개소문은 고구려의 명장으로 그 기상을 크게 떨쳤습니다.

그 시대엔 또 무슨 일이 있었을까?

천리장성

　연개소문이 지휘 관리한 천리장성 건축은 당나라의 침입을 막기 위한 하나의 방책이었습니다.

　천리장성의 성벽이 줄지어 이어져 있지는 않지만 험한 산맥과 지형을 이용해서 군사적으로 중요한 위치마다 성을 건설했습니다. 만주의 부여성부터 시작하여 발해만까지 세워진 천리장성은 어느 한 곳이 뚫린다 해도 그 주변의 요충지들을 점령하지 않으면 퇴로나 보급로가 막히게 되는 최고의 성곽이었습니다.

　천리장성을 쌓는 것으로 연개소문은 백성들에게 존경을 받게 되며 세력을 키우게 됩니다.

▼ 당의 대군을 물리치는 연개소문
연개소문은 대대로가 된 후 영류왕을 죽이고 보장왕을 추대하고 스스로 대막리지가 되어 정권을 장악하였다.
보장왕 3년(644)에 당 태종의 17만 대군을 안시성에서 격파하였다.

보장왕 옹립

세력이 커지는 연개소문이 두려웠던 영류왕은 여러 귀족들과 손을 잡고 연개소문을 없애려는 계획을 세웠습니다. 귀족들 역시 포학하고 굽힐 줄 모르는 연개소문을 가만히 둘 수 없어 영류왕과 뜻을 함께 했습니다.

그러나 이를 먼저 눈치 챈 연개소문이 큰 잔치를 열어 180여 명의 많은 귀족들을 집으로 초대했습니다. 귀족들은 그가 초청한 잔치에 참석하는 것이 두려웠지만 수많은 귀족들이 함께 모인다는 것에 안심하고 그의 집으로 갔습니다. 연개소문은 태연히 술을 한 잔 마시더니 술잔을 문 밖으로 집어던졌습니다. 그것을 신호로 밖에서 기다리고 있던 군사들이 들이닥쳐 180여 명의 신하들을 모두 죽여 버렸습니다. 이에 그치지 않고 연개소문은 영류왕을 죽이고 보장왕을 왕으로 옹립했습니다.

이후 연개소문은 대막리지라는 직책을 만들어 스스로 대막리지가 되어 고구려를 쥐락펴락하며 권력을 잡았습니다.

아들들의 난

666년 막대한 권력을 자랑하던 대막리지 연개소문이 죽자 고구려 내부에서는 심한 갈등이 일어나기 시작했습니다. 거기다 세습되어 오던 막리지 자리를 탐내는 연개소문의 아들들 사이에서 권력 다툼이 일어났습니다. 이로 인해 고구려는 더욱더 큰 혼란에 빠졌습니다. 막리지에 오른 연개소문의 큰 아들 연남생이 지방으로 내려간 틈을 타 연남건이 권력을 잡고 형 연남생을 죽이려 했습니다. 연남생은 죽음이 두려워 당나라로 도망쳐 버렸습니다. 그 후 동생 연정토 역시 신라에 투항하고 귀순해 버립니다. 668년 고구려는 최악의 혼란 속에서 나당연합군에 맞서 싸웠지만 채 1개월도 견디지 못하고 망하고 말았습니다.

알아 두세요

보장왕(?~682)

고구려의 28대 마지막 왕입니다. 642년 연개소문에 의해 왕으로 옹립되어 668년까지 나라를 다스렸습니다. 재위하는 동안 연개소문이 실권을 쥐고 있어 제대로 뜻을 펼치지 못했습니다.

연개소문이 죽고 난 후, 고구려가 멸망하게 되자 보장왕은 당나라로 압송됩니다. 뒤에 당나라로부터 사평대상백원외동정에 책봉되었지만, 고구려를 다시 일으키고자 유민들과 함께 부흥운동을 합니다. 부흥운동에 실패하고 681년 쓰촨성에 유배되었다가 훗날 당나라 고종에 의해 위위경으로 추증(종이품 이상 벼슬아치의 죽은 아버지, 할아버지, 증조할아버지에게 벼슬을 주던 일)되었습니다.

영류왕(?~642)

고구려의 제27대 왕이며 618~642까지 고구려를 다스렸습니다. 동북쪽의 부여성으로부터 동남쪽 바다에 이르는 천리장성의 축조를 시작하였으며 연개소문에게 역사(토목이나 건축 따위의 공사)의 감독을 맡겼으나 그의 반역으로 살해되었습니다.

양만춘(?~?)

고구려 보장왕 때 안시성의 성주로 있던 장군입니다. 당나라 태종에 맞서 60여 일간의 대치 끝에 당나라를 물리친 장군입니다. 하루에도 6~7번씩 쳐들어오는 당나라에 맞서 싸우며 당나라에 대항했습니다. 642년(영류왕 25) 연개소

▲ 대성산성
고구려 시대의 산성.

▲ 안시성에서 당나라군을 격퇴하는 양만춘 장군

문이 정변을 일으켰을 때 연개소문에게 복종하지 않고 끝까지 싸워 성주의 자리를 지켰습니다.

연남생(634~679)

연개소문의 맏아들로 원덕이라 불리기도 합니다. 9세에 중리소형, 중리대형이 되어 국정을 맡아 지휘했고, 중리위두대형에 승진합니다. 666년 아버지 연개소문이 죽자 대를 이어 대막리지가 되었습니다. 그가 전국을 순시하러 떠난 사이 스스로 막리지 자리에 오른 동생 연남건에게 아들 헌충을 잃게 됩니다. 또 죽음의 위협을 받고 당나라로 도망쳐 항복합니다. 이후 신라와 손을 잡고 고구려를 공격해 멸망시킵니다.

초등 사회과 탐구 6-1

목숨을 받쳐 불교를 공인시킨
이차돈

"폐하, 용안이 어두우십니다. 무슨 걱정거리라도 있으신지요?"
법흥왕 곁에 서 있던 이차돈이 물었습니다.
"나는 신라에 불교를 뿌리내리게 하고 싶소. 불교를 백성들에게 알리고 민심을 한데 모으고 싶소. 또 불교의 힘을 빌어 나라를 발전시키고도 싶소. 그러나 그대도 알다시피 대신들의 반대로 나는 불교의 불자도 꺼내지 못하는 무능력한 왕이 되었소."
법흥왕은 침울해했습니다.
이차돈은 일찍부터 불교를 믿어 법흥왕의 안타까운 마음을 잘 이해할 수 있었습니다. 그래서 자신의 목숨을 버리고 신라 땅에 불교를 전파하고자 마음먹었습니다.
"폐하, 제가 나서서 절을 세우겠습니다. 폐하는 모른 척하고 계시다 대신들이 들고 일어서면 못 이기는 척 저의 목을 베십시오."
"뭐라? 그럴 수는 없소."
법흥왕은 이차돈을 잃고 싶지 않았습니다. 그러나 끈질긴 이차돈의 설득에 법흥왕은 어쩔 수 없이 이차돈의 계획을 허락했습니다.
이차돈은 천경림의 숲을 베어 내고 절을 짓기 시작했습니다. 이 소식은 빠르게 대신들의 귀에 들어갔습니다. 대신들은 이차돈에게 쫓아가 당장 절 짓는 것을 멈추라고 했습니다.
"나는 폐하의 명령으로 절을 짓는 것입니다."
"그럴 리가 없다. 폐하는 우리에게 아무런 말씀도 없으셨다."

　대신들은 금세라도 이차돈을 잡아 죽일 듯 횡포를 놓았습니다. 그러나 이차돈은 꿋꿋하게 절을 지었습니다.
　대신들은 법흥왕에게 달려가 이 일을 따져 물었습니다.
　"폐하, 저 오만방자한 이차돈에게 정말로 절을 지으라 명하셨습니까?"
　"그럴 리가 있소. 그대들이 불교를 반대하고 있다는 것을 뻔히 알고 있는데 말이오."
　법흥왕은 이차돈과의 약속대로 이차돈이 절을 짓는 일은 모르는 일이라고 잡아뗐습니다.
　"그렇다면 폐하의 명령도 없이 저런 짓을 꾸몄다는 것이군요. 저런 불충한 자를 곁에 두시면 아니 될 것입니다. 당장에 저자의 목을 치십시오."

법흥왕은 드디어 올 것이 왔구나 싶었습니다. 무섭게 몰아붙이는 대신들에게 떠밀려 법흥왕은 이차돈을 불러들였습니다.

"그대는 어찌하여 왕명도 받지 아니하고 절을 지었는가?"

"신라 땅에 불교를 뿌리내리게 하고자 함입니다."

이차돈은 굽힘없이 당당하게 말했습니다.

"저, 저자의 행태 좀 보십시오. 끝까지 제 잘못을 뉘우치질 않는군요."

대신들은 이차돈을 손가락질했습니다.

"불교를 신라에 퍼뜨리려는 것은 죄가 아니오. 불교는 백성들의 염원이 될 것이고 앞으로 신라를 크게 발전시킬 것이오. 이를 알아보지 못하는 그대들이 한심하구려. 내가 죄를 지었다면 임금을 끝까지 모시지 못한 것뿐."

"폐하, 더 이상 들을 것도 없습니다. 어서 명을 내려 저자의 목을 치시옵소서."

대신들은 이차돈의 목을 치라고 간청했습니다. 법흥왕은 마지못해 명령을 내렸습니다.

"마지막으로 할 말은 없느냐?"

대신들은 이차돈에게 선심 쓰듯 마지막 유언을 하라고 했습니다. 이차돈은 법흥왕을 향해 큰 절을 올린 뒤 무릎을 꿇고 앉았습니다.

"불교가 신성하다는 것을 내 몸소 보여 줄 것이오. 만약 부처님이 정말로 있다면 내 목이 떨어지는 그 순간 기이한 일이 일어날 것입니다."

마침내 망나니가 이차돈의 목을 베었습니다. 그 순간 이차돈의 머리가 멀리 날아가 산꼭대기에 떨어졌습니다. 목에서는 하얀색 피가 쏟아져 나오더니 갑자기 하늘이 컴컴해지면서 아름다운 꽃잎이 떨어졌습니다.

"이, 이게 무, 무슨 일이야!"

법흥왕을 비롯한 대신들은 놀라움과 두려움에 할말을 잃었습니다. 그 광경에 대신들은 더 이상 죽음으로서 불교를 널리 알리려던 이차돈의 뜻을 반대하지 못하고 나라의 종교로 불교를 받아들이게 되었습니다.

이차돈

506 ~ 527
성은 박씨. 별칭 거차돈, 처도
한국 불교사상 최초의 순교자

이차돈

이차돈은 지증왕의 아버지 습보갈문왕의 아들로 태어났습니다. 고구려에서 백봉 국사를 만나 불교의 진리를 깨닫고 신라로 돌아왔습니다.

법흥왕은 불교를 백성들에게 널리 알리고 불교의 힘을 빌려 나라를 발전시키고자 했습니다. 하지만 당시 신라는 불교를 법으로 금하고 있었습니다. 신라 제19대 왕인 눌지왕 때 고구려에서 온 묵호자에 의해 신라에 불교가 전파되기는 했지만 신하들의 반대로 불교는 신라의 새 종교로 공인되지 못한 상태였습니다.

이차돈은 순교를 통해서라도 신라에 불교를 전파하리라 마음먹었습니다. 순교는 자신이 믿는 신앙을 위해 죽음을 선택하는 것이었습니다. 법흥왕은 불교 전파를 위해 사람을 죽게 할 수 없다며 이차돈의 순교를 반대했습니다. 하지만 이차돈은 "만약 제가 오늘 저녁에 죽어 이튿날 아침 불교의 교리가 행해진다면 신라 하늘에 부처가 오르고, 대왕께서도 오래도록 평안하실 것입니다."라며 자신의 숭고한 결심을 드러냈습니다.

결국, 이차돈은 527년 22세의 젊은 나이로 신라에 불교를 전파하기 위해 순교했습니다. 이후 아무도 불교를 반대하지 못했고 528년 마침내 법흥왕은 불교를 공인했습니다. 이차돈의 죽음을 안타까워하던 법흥왕은 534년 천경림에 신라 최초의 절 '흥륜사'를 지어 이차돈의 순교를 위로했습니다. 법흥왕은 이차돈과 함께 신라 불교를 발전시키는 데 힘을 썼습니다.

그 시대엔 또 무슨 일이 있었을까?

신라에 온 불교

불교는 고구려의 소수림왕 2년 372년에 처음으로 한반도에 들어왔습니다. 중국의 승려 승도를 통해서였습니다. 백제는 침류왕 1년 384년에 불교를 받아들였고, 신라는 백제와 고구려보다 무려 150년이나 늦은 528년에야 불교를 받아들였

불국사
경북 경주시 진현동 토함산 기슭에 있는 절. 경내는 사적 및 명승 제1호로 지정되어 있으며, 1995년 세계문화유산목록에 등록되었다.

습니다.

521년 법흥왕은 남조인 양나라와 국교를 맺은 후 양나라 무제가 보낸 승려 원표에 의하여 신라 왕실에 불교가 알려지게 되었습니다.

이후 신라의 불교는 급속도로 발전을 거듭하며 불국사, 흥국사, 흥왕사 등을 축조하고 황룡사9층목탑을 만들어 냈습니다. 또 승직제도인 국통제가 진흥왕 때 수립되어 불교의 정치참여를 적극적으로 수용하게 되었습니다. 또 아들의 출산이나 병을 다스리려는 사람들의 맹목적인 바람이 결부되어 불교가 대중화되었습니다. 이와 같이 불교는 백성들의 염원과 함께 정치적인 고문 역할까지 담당하며 세력을 넓혀 갔습니다.

흥륜사

544년 진흥왕 5년에 창건된 절로 신라 사찰 중에서 가장 일찍 세워진 절입니다. 544년 3월에 사람들이 출가하여 승려나 비구니가 되어 부처를 모시는 것이 처음으로 허락되었습니다. 1963년 사적 제15호로 지정되었습니다.

〈삼국사기〉에 기록된 설화를 보면 신라 13대 미추왕 3년에 성국공주의 병을 고구려의 고승 아도가 고쳐 주었는데, 그 보상으로 왕이 사찰을 세우는 것을 허락했습니다. 아도가 지은 이 사찰이 바로 '흥륜사' 입니다. 아도는 매우 검소하여 억새를 얽어 움막을 짓고 생활하며 사람들에게 불도를 전했는데 때마침 하늘에서 꽃이 떨어져 이름을 흥륜사라 지었다고 합니다.

현재는 경주시 사정동에 절터만 남아 있지만 기록에 의하면 금당, 탑, 좌경루, 남문, 강당 등이 있고 보현보살의 벽화가 있을 정도의 큰 절이었습니다.

알아 두세요

법흥왕(?~540)

　신라의 23대 왕으로 514년에 즉위하여 540년까지 나라를 다스렸습니다. 성은 김, 이름은 원종으로 지증왕(신라 22대 왕)의 아들입니다.

　왕위에 오르자 법을 제정하고, 517년에 병부를 설치하였습니다. 520년 율령(법률)을 반포하여 모든 벼슬아치들의 공복(삼국 시대부터 관원이 평상시 조정에 나갈 때 입던 제복)을 제정했습니다. 527년 처음으로 불교를 공인하였으며 531년 상대등 벼슬을 새로 두어 국사를 관리하게 했습니다. 536년 연호를 건원이라 정했는데 이는 신라 최초의 독자적인 연호였습니다. 말년에는 스스로 승려가 되었습니다.

아도(?~?)

　신라에 불교를 처음으로 전한 고구려의 스님입니다. 아두라고 불리기도 하는데 〈삼국유사〉에서는 아도를 전설적인 인물인 묵호자와 동일 인물로 추정하고 있습니다.

　이 묵호자는 신라 눌지왕 때 고구려에서 신라로 몰래 숨어들어와 모례라는 사람의 집에 숨어 지내다 성국공주의 병을 고쳐 주고, 그 공으로 불교를 전할 수 있게 된 것으로 알려져 있습니다. 이 이야기와 더불어 아도의 자태가 묵호자와 같았다는 기록을 보면 묵호자가 바로 아도라 가늠할 수 있습니다. 그가 불법을 강의할 때마다 하늘에서 꽃이 비 오듯 떨어졌다고 전해집니다. 경북 구미시 해평면 송곡리에 경북유형문화재 제291호로 지정된 '아도 화상 사적비'가 있습니다.

▲ 이차돈 순교비
순교비는 경주 북쪽에 있는 소금강산의 백률사에서 발견되었다. 옛 이름이 자추사인 백률사는 순교 당시 망나니의 칼에 잘려 나간 이차돈의 머리가 날아가 떨어진 자리라고 한다.

▲ 머리 없는 불상들 경주시 경주 박물관 소재.

습보갈문왕(?~?)

신라 22대 지증왕의 아버지로 성은 김씨이며 17대 내물왕의 손자이기도 합니다. 부인은 눌지왕의 딸인 오생부인입니다. 500년에 아들 지대로가 왕위에 올라 지증왕이 되자 갈문왕에 추봉(죽은 뒤 관위 따위를 내림)되었습니다. 갈문왕은 신라 때에 왕의 근친에게 주던 관직입니다.

백률사

백률사는 불국사의 관리를 받는 작은 절입니다. 법흥왕 14년(527년)에 불교의 전파를 위해 이차돈이 죽음을 자청했을 때 그의 목이 떨어진 곳이 지금의 백률사 자리였다고 합니다. 이차돈의 죽음을 안타까워하던 법흥왕이 이듬해에 그 자리에 절을 세웠는데 그 절이 자추사였습니다. 훗날 자추사가 백률사로 이름이 바뀌었습니다.

헌덕왕 9년에 이차돈을 추모하여 석당을 세웠으며, 임진왜란으로 폐허가 된 이 절을 1600년경에 경주 부윤 윤승순이 중건하고 대웅전을 고쳐 지은 기록이 있습니다.

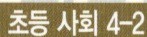

초등 사회 4-2

백제 문화를 꽃피운
무령왕

왕은 며칠째 긴 한숨을 쉬고 있었습니다.
신하들은 왕의 뜻을 알지 못해 가만히 서서 눈치만 보았습니다.
"전하, 무슨 근심거리라도 있으십니까?"
"음……, 아니다."
왕은 더 이상 아무 말도 하지 않았습니다.
신하들도 왕의 얼굴빛을 살피고는 더 이상 묻지 않았습니다.
며칠 후 왕은 무슨 결심을 한 듯 아우 곤지를 불렀습니다.
"전하, 무슨 일로 부르셨습니까?"
"너도 알다시피 우리나라는 지금 여러 가지 어려움을 겪고 있다. 어서 빨리 국력을 회복하고 나라가 안정되어야 할 텐데 큰일이구나."
"전하, 걱정하지 마십시오. 하늘도 전하의 뜻을 알고 계시니 곧 백성들이 편안하게 살 수 있는 날이 올 것입니다. 제가 도울 일이 있다면 언제든지 말씀해 주십시오. 무슨 일이든지 도와 드리겠습니다."
아우 곤지는 입술을 굳게 다물었습니다.
"그래, 고맙구나. 하지만 우리 힘만으로는 이 어려움을 이겨 낼 수 없을 것 같다."
"전하, 그게 무슨 말씀이십니까?"
곤지는 의아한 듯 되물었습니다.
"왜의 힘을 빌려야겠다."
왕은 무거운 눈빛으로 곤지를 내려다보았습니다.
"전하, 왜의 힘을 빌리다니요. 무슨 말씀이신지……."

"네가 왜나라에 좀 가 있어야겠다."
"……."
순간 곤지는 어리둥절하여 대답하지 못했습니다.
'도대체 형님의 마음을 알 수 없구나. 진정 나라를 위해 나를 일본에 보내겠다는 것이란 말인가?'
곤지는 잠시 생각에 잠겼습니다.
"전하, 왜에 가는 것이 제가 할 수 있는 일이라면 가겠습니다. 다만, 혼자 갈 수는 없습니다."
"좋다. 네가 원하는 대로 해 줄 것이다. 누구와 가고 싶으냐?"
왕은 고개를 끄덕이며 물었습니다.
"회임 중이신 왕비 마마와 함께 가도록 해 주십시오."
"뭐라고!"
왕은 깜짝 놀랐습니다.
'네가 나의 마음을 떠보려 하는구나.'

왕은 눈을 지그시 감고 생각했습니다.

"좋다. 함께 가도록 허락하마. 대신 도중에 아이를 낳거든 돌려보내야 한다."

"그건 걱정하지 마십시오."

그제야 곤지는 왕을 믿게 되었습니다.

얼마 후 왕의 뜻대로 곤지와 왕비는 배에 올랐습니다.

"자, 지금 출발한다."

곤지의 명령이 떨어지자 배는 일본을 향해 움직였습니다.

"마마, 몸은 좀 어떻습니까?"

"나는 괜찮습니다."

곤지는 은근히 걱정이 되었습니다.

배는 넓고 푸른 바다 위를 항해하고 있었습니다.

얼마쯤 후 우려했던 일이 벌어지고 말았습니다. 왕비의 배가 서서히 아프기 시작하더니 얼굴에서는 식은땀이 흘러내렸습니다.

"마마, 많이 아프십니까?"

"아무래도 아기가 나오려나 봅니다."

곤지가 보기에도 왕비를 데리고 일본까지 갈 수는 없을 것 같았습니다. 서둘러 가장 가까운 각라도라는 섬에 배를 멈추게 했습니다. 왕비는 그 섬에서 사내 아이를 낳았습니다.

"이 아이는 섬에서 태어났으니 '도군島君'이라 불러야겠습니다. 그리고 마마, 조금만 기다리십시오. 약속대로 궁궐로 보내드리겠습니다."

곤지는 왕비와 아이를 바라보며 말했습니다.

이때 태어난 아이가 백제 25대 왕 무령왕입니다. 이후 무령왕의 성장에 대해 알려진 것은 없습니다. 다만, 키가 크고 얼굴이 잘 생겼으며 어렸을 때 '사마'라고 불렸다는 것뿐입니다. 사마는 일본어로 섬 '도島'를 가리키기 때문에 무령왕은 백제가 아닌 왜에서 자란 것으로 짐작되기도 합니다.

무령왕

- 462 ~ 523
- 이름은 사마, 융, 여륭. 시호는 무령
- 백제 제25대 왕

501년 12월 위사좌평 백가가 보낸 자객에게 동성왕이 살해된 후 왕이 되었다고 전합니다. 백가가 가림성에서 반란을 일으키자 무령왕은 이를 진압한 뒤 백가를 죽여 아버지의 원수를 갚았다는 것입니다.

512년 고구려가 가불성과 원산성을 함락하자 직접 군사 3,000명을 이끌고 위천의 북쪽으로 진출해 크게 무찔렀습니다. 523년 좌평 인우와 달솔 사오로 하여금 쌍현성을 쌓게 했습니다. 무령왕은 고구려와 말갈의 침입

무령왕릉 출토
왕과 왕비 금제 관장식

에 대비하고 중국 남조의 양나라에 사신을 보내 외교관계를 강화했습니다. 521년 양무제로부터 사지절도독백제제군사영동대장군의 작호를 받기도 했습니다.

무령왕은 백제의 문화 발전에 많은 노력을 기울였을 뿐만 아니라 중국 양나라에 사신을 보내어 앞선 중국 문화를 받아들였습니다. 한편 오경박사 단양이와 고안무를 일본에 보내어 백제의 선진문화를 일본에 전하기도 했습니다. 그런가 하면 민생의 안정에도 힘써 제방을 쌓고 굶주리는 백성들을 위해 곡식을 나누어 주었습니다. 떠돌아다니는 백성들에게는 고향으로 돌아가 농사를 짓도록 하였습니다. 이때 우수한 철제 농기구를 많이 만들어 썼을 뿐만 아니라 수확이 많은 중국의 벼 농사법을 도입하기도 했습니다.

무령왕은 523년 죽은 것으로 되어 있지만 죽음에 대한 자세한 사항은 알려진 것이 없습니다.

그 시대엔 또 무슨 일이 있었을까?

무령왕릉

1971년 7월 공주의 송산리에서 발견된 무령왕의 능입니다. 무령왕릉에서는 모두 108종류 2,906점의 유물이 출토되었는데 무엇보다 도굴의 피해를 전혀 입지 않은 상태였습니다. 능 입구에서 발견된 왕과 왕비의 지석을 통해 이 무덤의 주인이 무령왕과 그 왕비임을 알게 되었으며 금관을 비롯하여 지석과 부장품 등 귀중한 자료가 발견되었습니다. 무령왕릉은 삼국 시대 무덤 가운데 최초로 주인과 매장 연도를 정확히 알 수 있는 무덤으로 무덤에서 나온 수많은 부장품은 백제의 문화는 물론 삼국 시대 고문 연구에 귀중한 자료가 되었습니다.

▲ 청동거울

청동거울

무령왕릉에서 출토된 3개의 청동거울을 가리킵니다.

청동신수경 : 왕의 족좌 북쪽에서 발견된 거울로 거울 뒷면에는 신선사상이 표현된 문양이 나타나 있습니다. 가운데 원형의 고리를 중심으로 방형의 구획을 만들고 그 안에는 12개의 돌기가 돌아가며 돌기와 돌기 사이에는 12지의 글자가 씌어 있습니다.

의자손수대경 : 왕의 머리 쪽에서 발견된 거울로 무령왕릉에서 발견된 거울 중에

▶ **무령왕릉 내부**
청동거울, 금제뒤꽂이, 다리작명 은제팔찌, 돌짐승상, 금동신발 등이 출토되었다.

제일 큽니다. 둥근 고리 주위에 9개의 돌기를 돌리고 그 사이에는 작은 짐승을 표현한 후 세 글자를 넣었습니다.

수대경: 왕비의 관장식 아래에서 발견된 거울로 둥근 고리 둘레에 9개의 작은 돌기를 배치하고 주위에는 빗금무늬대와 소문대를 계속해서 돌렸습니다. 외곽에는 7개의 돌기를 두고 그 사이에 4명의 신선과 3마리의 짐승을 하나씩 새겼습니다.

▲ 금제뒤꽂이

담로제

백제의 지방 행정구역으로 〈양서〉의 '백제전'에 따르면 전국에 22담로를 두고 왕자나 왕족을 보내어 다스리게 하였습니다. 담로는 지방지배의 거점으로서 성을 뜻하는 동시에 그것을 중심으로 하는 일정한 통치영역을 나타내는 것입니다. 담로의 설치를 웅진으로 천도한 이후로 보기도 하지만 근초고왕이 지방지배조직을 정비하고 지방관을 파견하기 시작한 때로 보는 것이 타당합니다. 22개의 담로는 시대와 지역에 따라 달라졌습니다. 담로제는 백제가 중앙집권적 정치 체제를 성립하면서 이루어졌으며 읍락과 소국을 지배하던 지방 지배자들의 일부는 중앙의 귀족으로 전환되기도 했습니다.

▲ 다리작명 은제팔찌

일본서기

일본 나라시대에 만들어진 일본 최초의 정사입니다. 총 30권으로 되어 있으며 신대부터 지토천황까지의 역사를 기록한 책입니다. 덴무왕의 명으로 도네리친왕이 중심이 되어 680년경 쓰기 시작해서 720년에 완성된 것으로 알려져 있습니다. 일본의 여섯 나라 역사서 중의 첫째로 꼽히는 것으로서 임금에 대한 기록, 정부의 기록, 한국의 역사 등이 실렸습니다.

▲ 돌짐승상

▲ 금동신발

알아 두세요

개로왕(?~475)

　　백제 제21대 왕으로 이름은 경사, 일명 근개루왕이라고도 합니다. 20대 비유왕의 맏아들이며 22대 문주왕의 아버지입니다. 즉위 후 고구려의 침입에 대비하는 조치를 취하였으며, 469년에는 고구려 남부지역을 선제공격하고 요충지인 청목령에 대책을 설치해 방어했습니다. 또한 나제동맹의 유지와 강화에도 힘썼습니다. 475년 고구려가 쳐들어오자 왕자를 보내 구원을 요청, 신라군과 함께 고구려 병력에 대항하여 싸웠으나 불과 7일 만에 방어전선이 무너지고 말았습니다. 이때 탈출하다가 붙잡혀 죽음을 당했습니다.

▲ 성흥산성
백제 시대 수도였던 부여를 수호하기 위해 금강 하류 대안에 축조된 가장 중요한 산성의 하나이다. 충남 부여군 임천면 군사리에 소재. 사적 제4호.

동성왕(?~501)

　　백제 제24대 왕이며 이름은 모대, 마모, 마제, 여대입니다. 문주왕의 아우 곤지의 아들입니다. 동성왕은 초기 정치적 불안을 이겨 내고 왕권을 강화하기 위해 노력했습니다. 고구려의 군사적 압력에 대처하기 위하여 신라와 혼인동맹을 맺기도 했습니다. 나성, 우두성, 이산성 등을 축조하여 수도의 방어망을 정비하고 중앙에서 관리를 파견하여 중앙통제를 강화했습니다. 이러한 정책은 백제 왕실의 기반 확대 및 무령왕과 성왕대의 정치적 안정과 백

▲ 공주 송산리 고분
백제 웅진 도읍기에 재위하였던 왕과 왕족들의 무덤으로 무령왕릉을 포함한 7기의 무덤이 모여 있는 곳이다. 충남 공주시 금성동에 소재.

제 중흥의 토대가 되었습니다. 그러나 신진세력의 등용은 정치적 실권을 장악하게 만들었고, 이를 견제하던 것에 불만을 품은 백가는 왕을 끝내 살해하고 말았습니다.

오경박사

백제 때의 관직으로 〈시경〉, 〈서경〉, 〈역경〉, 〈예기〉, 〈춘추〉 등의 5경전에 능통한 사람을 합쳐 부르던 말입니다. 기록이 없어 자세한 내용을 알 수 없지만 유학교육을 담당했을 것으로 보입니다. 일본의 기록에 의하면 무령왕 때 오경박사인 고안무와 단양이, 성왕 때는 왕유귀 등이 일본에 초빙되어 가서 유학을 교육시켰다고 합니다. 박사제도가 있었던 것으로 보아 백제에는 유학을 가르치는 교육기관이 설치되어 있었을 것으로 짐작됩니다.

백제 부흥을 꿈꾼 성왕

"이대로 신라를 두고 볼 수는 없습니다."

태자 창이 성왕과 대신들 앞에서 목소리를 높였습니다.

"아니 됩니다. 지금은 때가 아닙니다. 신라와 혼인동맹을 맺은 지 얼마 안 되었는데 어찌 신라를 칠 수 있겠습니까?"

대신들은 태자의 출병을 말렸습니다.

"과인의 생각은 태자와 같다. 지금 신라는 고구려도 위협할 만큼 국력이 세지고 있다. 만약 여기서 더 그들의 힘이 세진다면 나라가 위태로울 것이다."

"폐하의 말이 맞습니다. 신라는 지금 백제의 위협이 되고 있습니다. 하지만 혼인동맹까지 맺었는데 그 동맹이 쉽게 깨지겠습니까?"

대신들은 신라가 위협이 될 수 있다는 것을 알았지만 혼인동맹을 맺은 지 얼마 안 되어 신라를 공격하는 것은 잘못된 일이라 생각했습니다.

"신라와 혼인동맹을 맺었지만 그 동맹은 언제 깨질지 모른다. 얼마 전 전투에서 신라의 배신을 보지 않았는가. 434년 우리 백제의 비유왕과 신라의 눌지왕이 처음 동맹을 맺었다. 100년이 넘도록 굳건하게 지켜오던 동맹이 어찌 되었는가? 신라의 배신으로 깨지지 않았는가. 비록 내 딸을 신라로 시집보냈지만 이 혼인동맹도 그리 믿을 게 못 된다고 생각한다."

"폐하, 소인들도 신라와의 동맹이 오래가지 못할 것이라고 짐작하고 있습니다. 하지만 지금 백제의 전력으로는 신라를 당해 내기 어렵습니다."

"폐하, 왜에 군사를 보내 달라고 하십시오."

태자가 말했습니다.

"좋은 생각이다. 왜는 우리의 오랜 동맹국이니 반드시 군사를 보내 줄 것이다."
왜군까지 동원되는 마당에 대신들은 더 반대할 명목이 없었습니다.
"대신들은 들으라. 당장 왜에 연락하여 군사를 보내 달라 하고, 가야국 중에서 반 신라 세력을 모으라."
554년 7월 왜군과 가야세력까지 힘을 모은 백제는 신라를 공격했습니다.
성왕은 직접 군사를 몰고 지금의 옥천에 해당하는 관산성으로 진격했습니다.
"죽음을 두려워하지 마라. 백제의 영광은 너희들 손에 있느니라."
성왕은 군사들을 격려하여 사기를 높였습니다.
"진격하라. 진격하라!"
성왕의 격려에 사기가 높아진 백제는 신라군을 맞아 치열한 전투를 벌였습니다. 신라군은 성왕이 이끄는 백제군 앞에 무릎을 꿇었습니다.
첫 전투에서 승리한 성왕은 태자를 선봉장으로 내세웠습니다.
"꼭 승리를 가져오겠습니다!"
태자는 기세등등하게 신라진영으로 진격했습

니다.

"폐하, 폐하!"

태자가 떠난 얼마 뒤 정찰병이 성왕에게 달려왔습니다.

"무슨 일이냐?"

"신라에서 금관가야 왕자 김무력을 선봉에 내세웠다고 합니다."

"뭐라?"

성왕은 벌떡 일어났습니다. 백제군에 합세해 있는 가야 세력이 가야 왕자와 맞서 싸워야 하는 상황이 발생한 것이었습니다.

"김무력이 신라군을 이끈다는 것을 알면 가야 군사들이 끼어 있는 백제군은 사기가 꺾일지도 모른다. 내가 태자를 도울 것이다. 당장 채비를 하여라."

성왕은 태자를 지원하기 위해 정예병 50여 명을 이끌고 말을 몰았습니다. 하지만 그것이 성왕의 마지막 길이 되었습니다.

눈치 빠른 신라가 성왕이 태자를 지원하기 위해 올 것을 알아차리고 전투지로 오는 길에 군사들을 숨겨 놓았던 것입니다.

"폐하, 천한 종놈의 자식이 폐하의 목을 베려 합니다. 허락하여 주십시오."

지금의 충청도 보은에 해당하는 삼년산군의 비장 도도는 왕에 대한 예우로 두 번 절을 올렸습니다.

"어찌, 천한 종이 왕의 목을 베려 하느냐?"

"저희 신라에서는 왕이라도 맹세를 어기면 천한 종놈 손에 죽습니다."

도도는 혼인동맹을 깨고 신라를 공격한 성왕의 잘못을 얘기했습니다.

"하하하! 신라의 동맹은 참으로 편한 것이구나. 먼저 동맹을 깨고 한강 유역을 빼앗은 것이 누구인데……. 내 이제껏 뼈에 사무치는 고통도 참으며 살아왔지만 이제 와서 구차하게 살고 싶지는 않구나. 자, 이 칼로 목을 베라."

성왕은 자신의 칼을 도도에게 내 주었습니다. 도도는 그 칼을 받아 성왕의 목을 벴습니다.

성왕

- ? ~ 554
- 이름은 명농
- 백제 제26대 왕

무령왕의 둘째 아들이며, 형이자 태자인 순타가 513년에 죽은 후 태자가 되었습니다.

523년 무령왕이 죽자 왕위에 올랐습니다. 지혜롭고, 일에 결단성이 있어 백성들의 존경을 받았기에 성스러울 성聖을 붙여 성왕이 됐습니다.

성왕이 왕위에 오른 시기는 주변국과의 관계가 복잡한 시기였습니다. 특히 고구려와는 적대적 관계에 놓여 있었습니다. 아버지 무령왕이 섬진강 지역의 가야 땅인 섭라 지역을 차지하면서 고구려와 사이가 안 좋아진 것이었습니다.

정림사지 5층 석탑

섭라 지역의 가야국들은 백제에 합쳐지기 전 고구려에 옥을 바치던 나라들이었습니다. 고구려는 자신들의 영향권 안에 있던 섭라 지역을 빼앗기자 화가 났으며, 백제는 고구려의 영향권을 축소시켜 위상을 높였습니다.

538년에는 도읍을 지금의 충남 부여에 해당하는 사비로 옮기고, 국호를 백제에서 남부여로 변경했습니다. 국호를 변경한 이유는 자신들이 부여의 후예로 고구려가 차지한 부여의 옛 땅을 되찾겠다는 의지를 국내외에 알리기 위해서였습니다.

551년 성왕은 신라와 연합하여 고구려를 공격해 빼앗겼던 한강 유역을 되찾았습니다. 하지만 어렵게 되찾은 한강 유역은 553년 신라의 배신으로 덧없이 잃고 말았습니다. 이에 성왕은 554년 신라를 공격했지만 끝내 한강을 되찾지 못하고 관산성 전투에서 죽음을 맞이했습니다.

그 시대엔 또 무슨 일이 있었을까?

고구려의 위기

545년 안원왕이 죽자, 태자 평성의 아우 세군이 왕위에 오르기 위해 반란을 일으켰습니다. 형제간에 벌어진 왕위 다툼은 3일 만에 난이 진압되면서 끝났지만 고구려 조정을 더욱 정치적 혼란에 빠뜨렸습니다. 난을 일으킨 동생을 제거하고 왕위에 오른 양원왕은 백암성을 개축하고 신성을 수리하며 국방을 굳건히 했습니다. 당시 고구려는 남으로는 백제와 신라, 북으로는 거란과 돌궐이 세력을 키워 위협해 왔습니다. 548년 고구려는 백제 요새인 독산성을 공격했습니다. 하지만 신라군이 가세한 백제에 밀려 퇴각하고 말았습니다. 이후 백제와 신라의 연합군은 계속 고구려를 공격하여 551년 백제는 백제의 탄생지인 한강 하류지역을 되찾고 신라 또한 충청북도와 강원도 일대를 공격해 한강 상류지역 등 10개 성을 빼앗았습니다.

▲ **부여 능산리 고분군**
충남 부여군 부여읍 능산리에 있는 백제 때의 무덤들. 사적 제14호.

고구려가 힘없이 신라에 10개 성을 빼앗긴 이유는 갑작스런 돌궐의 침입 때문입니다. 고구려가 돌궐을 막아 내느라 정신 없는 사이, 신라가 고구려에 침입해 성을 빼앗은 것입니다. 돌궐과의 전투에서 승리를 거두기는 했지만 백제와 신라, 돌궐 등 여러 국가와 싸워야 했던 고구려는 건국 이래 최대 위기를 맞았습니다.

신라의 배신

국토 확장을 꿈꾸고 있던 신라는 550년 백제와 고구려가 금현성과 도살성을 놓고 싸우며 지쳐가는 것을 지켜보고 있다가 두 성을 모두 차지해 버렸습니다. 삼국 중 가장 힘없고 작은 나라라 생각되었던 신라는 한강을 완전

▲ 궁남지
백제의 별궁 연못. 충남 부여군 부여읍 동남리에 소재. 사적 제135호.

히 장악해 중국과의 교역을 좀 더 쉽게 하고 싶었습니다. 동해 쪽에 위치한 신라로서는 그동안 중국과 교역을 하기 위해 고구려와 백제의 눈치를 살펴야 했습니다. 강한 신라를 만들고 싶었던 진흥왕은 백제와의 동맹을 통해 고구려를 치고, 백제가 안심하는 사이 고구려와 내통하여 백제를 공격해 한강 하류지역마저 차지해 버렸습니다.

신라군은 여세를 몰아 한성까지 밀고 내려왔습니다. 이에 백제는 복수할 겨를도 없이 신라를 달래기 위해 성왕의 딸을 진흥왕에게 시집보내는 혼인동맹을 맺었습니다.

태자의 삼년상

태자 창은 자신을 도우려다 아버지 성왕이 죽자 그 죄책감에 태자로서 마땅히 올라야 하는 왕위도 오르지 않고 머리를 깎고 중이 되려 했습니다. 하지만 신하들의 적극적인 만류로 중이 되지는 않았습니다. 대신 성왕의 삼년상을 치르는 동안 계속 왕위에 오르지 않고 태자로서 나라를 다스렸습니다.

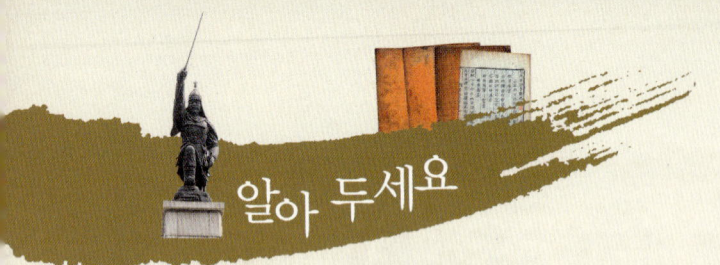

알아 두세요

위덕왕(525~598)

위덕왕은 성왕의 장남으로, 이름은 창입니다. 신하들의 반대에도 불구하고 신라 정벌론을 펼치다 아버지 성왕을 잃은 위덕왕은 죄책감에 시달렸습니다.

성왕이 죽은 지 3개월 정도밖에 되지 않은 554년 10월 고구려는 백제를 공격했습니다. 이때 신라가 백제를 공격할 수 있도록 길을 열어 주었기 때문에 고구려는 순식간에 백제의 옛 도읍지이자 군사적 요충지인 웅진성까지 쳐들어올 수 있었습니다. 가까스로 고구려를 물리치기는 했지만 위덕왕은 신라의 배신에 치를 떨어야 했습니다. 위덕왕은 백제를 지키고자 몰락해 가는 가야의 재건을 도왔으며, 왜와의 외교 관계를 더욱 돈독히 하여 연합 체제를 만들어 고구려와 신라를 견제했습니다.

▲ 백제의 궁녀상

안장왕(?~531)

고구려 제22대 왕으로 이름은 흥안입니다. 529년 10월 대륙백제를 공격하여 수많은 백제군을 물리쳤습니다. 무려 2년 동안 계속 전쟁을 치러 고구려는 대륙백제 이북지역을 차지했습니다.

대륙백제

대륙백제는 바다 건너 중국 땅에 붙어 있는 영토를 말합니다. 안장왕에게 대륙백제 이북지역을 빼앗기면서 백제는 중국 대륙에 붙어 있는 대륙백제에 대한 힘을 제대로 발휘하지 못했습니다. 그러다 532년 끝내 대륙백제와 국경을 접하고 있던 동위의 침략을 받아 완전히 붕괴됐습니다.

안원왕(?~545)

고구려 제23대 왕으로 안장왕의 동생입니다. 안원왕 시절은 많은 자연재해로 고구려가 어려움에 처한 시기였습니다. 535년에는 여름에 대홍수가 일어나고 겨울에는 지진이 일어났으며, 536년 여름에는 가뭄이 들고, 가을에는 메뚜기 떼가 몰려와 농작물을 모두 망치고 말았습니다. 2년 동안의 계속된 자연재해로 먹고 살기가 힘들어진 백성들은 먹을 것을 찾아 전국을 떠돌아다니는 유랑 생활을 했습니다. 국가 재정은 바닥나 동위와 양나라에 원조를 요청해야 했으며, 백제의 기습으로 힘든 전쟁을 치러야 했습니다.

▲ **익산 미륵사지탑**
우리나라에서 가장 큰 백제 시대 화강암 석탑으로 국보 제11호.

김무력(?~?)

김무력은 금관가야 마지막 왕인 구형왕의 셋째 아들이며, 김유신의 할아버지입니다. 아버지 구형왕을 따라 신라에 투항하여 신라의 귀족이 되었습니다. 진흥왕 14년인 553년 아찬의 자리에 올라 신주의 군주가 되었습니다.

초등 사회 4-2, 초등 사회과 탐구 6-1

신라를 강대국으로 만든
진흥왕

정비에게서 아들을 얻지 못한 법흥왕은 누구에게 왕위를 넘겨줄지 고민했습니다. 법흥왕은 정비 보도부인과의 사이에서 딸을 얻고, 후비 옥진궁주와 보과부인에게서 아들을 얻었습니다. 옥진궁주에게서 얻은 아들은 비대이고, 보과부인에게서 얻은 아들은 모랑이었습니다. 법흥왕은 고민 끝에 옥진궁주에게서 얻은 비대에게 왕위를 넘겨주기로 마음먹었습니다.

정비 보도부인의 딸 지소는 아버지 법흥왕의 결정이 못마땅했습니다.

지소는 위화랑을 불렀습니다.

"위화랑, 비대가 태자가 되어도 된다고 생각하십니까?"

지소의 말에 위화랑은 선뜻 대답하지 못했습니다. 위화랑은 옥진궁주의 아버지이자, 비대의 외할아버지였습니다. 자신의 외손자가 왕위를 이어받는다는데 싫어할 이유가 없었습니다.

"신라가 어떤 사회입니까. 신라 왕조는 어떻게 이어져 왔습니까?"

지소의 말에 위화랑은 입을 다물고 눈을 감았습니다. 지소가 무슨 말을 하려는지 알 수 있었기 때문입니다.

"위화랑, 당신은 공평정대한 사람입니다. 이제껏 공평정대하게 정치를 돌봤던 것처럼 이번 일도 공평정대하게 처리해 주십시오."

권력에 욕심이 없고 늘 공정하게 일을 처리하던 위화랑은 며칠 동안의 고민 끝에 법흥왕을 찾아갔습니다.

"전하, 비대왕자의 태자 책봉을 거두어 주십시오."

"그대는 비대의 외할아버지인데 기뻐할 일이지 비대의 태자 책봉을 거두라니?"

법흥왕은 위화랑의 행동을 이해할 수 없었습니다.
"비대왕자는 제 딸 옥진의 아들입니다. 제 외손자 비대왕자가 왕이 된다면 그보다 더 영광스러운 일은 없을 것입니다. 하지만 그렇게 된다면 이제껏 지켜 온 신라 왕조의 위엄이 무너지고 말 것입니다."
"비대가 왕이 되면 신라 왕조가 무너져 내린다?"
"제 아내이자 옥진의 어미 오도는 묘심이라는 평민 출신 승려와의 사이에서 태어났습니다. 비록 옥진이 제 딸이기는 하나 어미 오도가 평민이므로, 옥진 또한 평민입니다. 즉, 골품이 없습니다. 왕위 계승에 골품보다 더 중요한 것이 어디 있겠습니까?"
"옥진궁주가 골품이 없으니 비대가 왕위를 이을 수 있는 성골이 아니라 진골이란 말인가?"
"그렇사옵니다. 이제껏 신라 왕조는 아버지, 어머니 모두가 왕족인 성골만이 왕위를 이었습니다. 비대왕자가 태자가 된다는 것은 이제껏 지켜온 신라 왕조의 정통성을 무너뜨리는 것이고 신라의 신분제도를 거스르는 일입니다."

법흥왕은 할 말이 없었습니다. 위화랑의 말이 모두 옳았기 때문입니다.

"그럼 모랑왕자를 태자로 책봉하면 되겠군."

"모랑왕자도 아니 됩니다. 모랑왕자의 어머니 보과부인은 백제 동성왕의 딸입니다.

백제 왕조의 혈통을 이어받은 왕자를 신라의 태자로 만들 수는 없습니다."

"그럼 도대체 누구에게 왕위를 계승하란 말인가?"

"성골을 찾으셔야지요. 신라 왕조의 정통성을 이은 성골에게 왕위를 계승하셔야 합니다."

법흥왕은 다시 고민에 빠졌습니다. 누구에게 왕위를 계승해야 신라 왕조의 정통성을 이을 수 있을까 생각했습니다. 그때 장녀 지소가 찾아왔습니다.

"아바마마, 만약 제가 아들이었다면 저에게 왕위를 계승하실 것입니까?"

"네가 아들이었다면 너를 태자로 삼았을 것이다."

"비대도 모랑도 아닌 저를 태자로 삼았을 것입니까?"

"아무렴. 네가 아들이었다면 내 장자가 되는 것이고 누구도 부정할 수 없는 성골이니까."

"아바마마, 제 아들 삼맥종을 태자로 삼아 주십시오. 삼맥종은 그 누구도 부정할 수 없는 성골입니다. 비록 나이는 어리지만 제가 잘 보필하여 훌륭한 왕이 될 수 있도록 하겠습니다. 저에게 왕위를 계승한다 생각하시고 제 아들 삼맥종을 태자로 삼아 주십시오."

지소는 법흥왕 앞에 엎드려 간곡히 부탁했습니다.

"네가 정말 아들이었으면 좋겠구나. 너처럼 당당하고 총명한 아이가 어찌 딸로 태어났단 말이냐."

법흥왕은 지소의 뜻대로 손자 삼맥종을 태자로 책봉했습니다. 540년 7월 일곱 살의 어린 나이로 왕위에 오른 진흥왕은 이렇게 어머니 지소태후의 든든한 후원으로 왕이 되었습니다.

진흥왕

534 ~ 576
이름은 삼맥종 또는 삼맥부, 법호는 법운
신라 제24대 왕

진흥왕은 법흥왕의 아우 김입종의 아들이자, 법흥왕의 딸 지소태후의 아들입니다. 신라 시대에는 친척 간에 결혼을 하기도 했습니다. 특히 왕족들은 왕족끼리 결혼하여 성골, 진골 등 왕족의 혈통을 지키려 했기 때문에 법흥왕의 딸 지소가 삼촌 김입종과 결혼하여 진흥왕을 낳은 것입니다.

진흥왕은 일곱 살 어린 나이에 왕위에 올랐습니다. 때문에 스무 살 성인이 될 때까지 어머니 지소태후가 대신 정사를 돌봤습니다.

진흥왕 척경비

지소태후는 어린 진흥왕이 정치적 혼란을 겪지 않도록 왕권을 강화하고 나라를 안정시키는 일에 힘을 썼습니다. 어머니의 든든한 후원을 받으며 왕위 수업을 해나간 진흥왕은 553년 성인이 되었을 때 어머니가 만든 화랑도를 통해 더욱 강력한 신라를 만들어 갔습니다. 554년 백제의 성왕을 물리치면서 본격적으로 국토를 정비하고 확장시키기 시작한 진흥왕은 신라 역사상 가장 큰 국토를 차지할 정도로 강한 신라를 만드는 데 힘을 쏟았습니다. 백제와 신라 사이에 있던 가야 땅의 대부분을 차지하였고, 고구려 함경북도 마운령까지 차지했습니다. 진흥왕의 이 같은 국토확장은 삼국 중 가장 작은 나라였던 신라의 국력을 대외적으로 크게 발전시키는 일이 되었고 삼국통일의 기반이 되었습니다. 말년에 스스로 머리를 깎고 법운이라는 법명을 지어 사용할 정도로 불교 발전에 큰 힘을 쏟은 진흥왕은 576년 8월 마흔세 살의 나이로 세상을 떠났습니다.

그 시대엔 또 무슨 일이 있었을까?

신라의 힘 화랑도

화랑도는 신라의 선화와 원화에서 출발한 인재 양성 단체입니다. 선화와 원화는 화랑도가 생길 무렵 만들어진 것으로, 신라의 귀족들이 낭도들을 거느리던 사조직입니다. 선화는 덕망 높은 귀족 남성을 지도자로 삼아 그를 따르는 수백 명의 낭도들을 조직원으로 두는 것이고, 원화는 왕족 여성이 낭도들을 이끌었습니다. 선화와 원화는 왕이 지명했으며, 선화와 원화는 자신을 따르는 낭도들과 함께 참선과 무예, 학문 등을 닦았습니다.

선화와 원화가 귀족 출신들이 이끄는 사조직이었지만 왕실은 낭도들 중에 인재

▼ 경주 화랑의 집

를 뽑아 등용했습니다. 하지만 원화 내부에서 권력다툼이 생기면서 지소태후가 원화를 폐지시켜 버렸습니다. 이후 원화 밑에 있던 낭도들은 선화 밑으로 들어가고 선화의 무리들은 풍월도라 불리게 됐습니다. 조직의 모습 또한 사조직에서 신라의 대표적 인재 양성 단체로 발전하기 시작했습니다. 풍월도의 우두머리는 풍월주라 불렸으며, 초대 풍월주는 위화랑이었습니다. 진흥왕은 위화랑의 성품과 학식 등을 좋아했습니다. 때문에 풍월주를 아예 화랑이라 부르게 했으며, 이것을 계기로 풍월도는 점차 화랑도라 불리게 됐습니다.

▲ 1 황초령비 2 북한산비 3 단양 적성비
신라 진흥왕이 국토 확장과 국위 선양을 목적으로 세운 기념비.

순수비를 세우다

554년 백제의 성왕을 물리친 신라는 많은 백제 땅과 고구려 땅을 차지하며 영토를 넓혔습니다. 555년에 지금의 경남 창녕에 해당하는 백제 땅 비사벌에 주를 설치하고, 그 해 10월 진흥왕이 직접 신하들을 거느리고 북한산을 다니며 순수비를 세웠습니다. 557년에는 지금의 청주에 해당하는 국원을 소경으로 만들었습니다.

소경이란, 신라가 정치·군사적으로 중요한 곳에 설치하던 작은 서울입니다. 신라는 백제 땅이던 국원을 완전히 장악하기 위해 558년 귀족들의 자제들을 중심으로 한 신라 백성들을 국원으로 이주토록 했습니다. 신라 역사상 가장 넓은 영토를 차지한 진흥왕은 고구려 영토였던 함경북도 지역의 마운령에 이르기까지 순수비를 세웠습니다.

알아 두세요

지소태후(?~?)

    법흥왕의 장녀이며, 진흥왕의 어머니입니다. 어린 진흥왕을 대신하여 정사를 돌보며 불교를 발전시키고, 화랑제도를 만들고, 국사를 편찬케 하는 등 신라의 종교와 문화, 국력 등을 키우는 데 힘을 기울였습니다. 진흥왕의 정비인 사도부인 박 씨를 싫어해서 몇 번씩이나 폐위를 시키려 했지만 진흥왕의 반대로 뜻을 이루지 못했습니다. 지소태후와 사도부인의 갈등은 화랑도에까지 영향을 끼쳐 지소태후를 따르는 진골정통파와 사도왕후를 따르는 대원신통파로 나뉘는 파벌을 형성했습니다.

▼ 경주 대릉원
경상북도 경주시 황남동에 있는 신라 시대의 고분군.

박이사부(?~?)

　박이사부는 지증왕 13년에 지금의 울릉도인 우산국을 정벌한 이사부를 말합니다. 지소태후에게 국사를 편찬할 것을 권하여 김거칠부로 하여금 국사를 편찬케 한 인물이기도 합니다. 진흥왕 2년에 처음으로 만들어진 병부령에 임명되어 병권을 잡은 이사부는 진흥왕 11년 고구려와 백제가 금현성과 도살성을 놓고 전쟁을 벌일 때 양쪽 군이 지친 틈을 타서 두 성을 모두 공격하여 차지했습니다. 군사뿐만 아니라, 역사와 문화 등 다방면에서 학식과 재능이 뛰어났던 이사부는 성품 또한 강직하고, 공평무사하여 백성들로부터 많은 존경을 받았습니다.

▲ 석빙고
신라 때부터 얼음을 넣어 두던 창고. 경상북도 경주시에 남아 있으며, 화강암으로 되어 있는 지금의 창고는 조선 영조 5년(1729)에 개축한 것이다. 보물 제66호.

김거칠부(?~579)

　김거칠부는 내물왕의 5세손이며 국사를 편찬한 인물로 흔히 거칠부라고 부릅니다. 젊어서 승려가 되어 전국을 돌아다녔으며, 고구려에 가서 법사 혜량을 만나 불교에 대한 강의를 듣기도 했습니다. 혜량은 거칠부의 관상을 보더니 훗날 장수가 될 관상이라며 장수가 되어 고구려를 공격하게 될 경우 자신을 해치지 말라고 부탁했습니다.

사다함(?~?)

　성은 김씨이고, 내물왕의 7대손입니다. 제5세 풍월주 출신으로 1,000여 명의 낭도를 거느렸으며, 562년 이사부가 가야국을 정벌할 때 15세의 어린 나이에 귀담비장으로 출정하여 공을 세웠습니다. 그 공으로 많은 밭과 가야인 포로 300여 명을 상으로 받았지만 밭은 함께 전쟁에 나간 병사들에게 나누어 주고, 포로들은 모두 풀어 주었습니다. 어린 나이에 이미 풍월주에 오른 사다함은 우정을 약속한 무관랑이 죽자 7일 동안 먹지도 않고 대성통곡하다 17세의 어린 나이로 죽고 말았습니다.

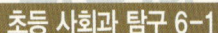

가얏고를 만든
우륵

졸졸졸 물 흐르는 소리, 또르르 물방울 떨어지는 소리, 쏴쏴쏴 휘몰아 떨어지는 물소리. 우륵은 너른 바위에 누워 물소리, 새소리, 바람소리 등을 들었습니다.

"아, 세상에 이보다 아름다운 음악이 있으랴!"

우륵은 자연의 소리를 들으며 춤추고, 노래하고, 연주하는 것을 좋아했습니다.

"악사 나리, 악사 나리!"

하인이 숨을 헐떡거리며 우륵에게 달려왔습니다.

"나리, 임금님께서 악사 나리를 찾으신답니다. 당장 채비를 하고 왕궁으로 가셔야 합니다."

임금이라는 말에 우륵은 허둥지둥 집으로 향했습니다. 집에 도착하니 왕명을 전달하러 온 신하가 우륵을 기다리고 있었습니다. 우륵은 서둘러 차비를 하고 신하를 따라 궁궐로 향했습니다.

"그대가 우륵인가?"

"네, 그러하옵니다. 폐하."

"자네는 자연의 소리에서 연주곡을 만든다지?"

"네, 폐하."

"왜 자연의 소리에서 연주곡을 만드는가?"

"소인이 생각할 때 모든 음악은 자연에서 출발한다고 생각합니다. 물방울, 물줄기, 폭포, 강물, 바다 같은 물이라도 저마다 소리가 다릅니다. 바람소리 또한 대숲의 바람소리, 물결 위에 부는 바람소리, 감나무 스치는 바람소리, 손가락 사이로 빠지는 바람소리. 모두 같은 것 같지만 다 다른 소리를 냅니다. 그래서 소인은 자연의 소리에서 음악을 배우고 있는 것입니다."

"음, 자네야말로 가야국의 음악을 다 담을 수 있겠구나."

가실왕은 우륵으로부터 무언가 느낀 것이 있는지 고개를 끄덕였습니다.

"내 그대에게 가야국의 정신과 마음을 담을 수 있는 가야국만의 악기를 만들라고 할 것이야. 할 수 있겠는가?"

"가야국의 악기요?"

갑작스런 물음에 우륵은 선뜻 대답하지 못했습니다.

"가져오게."

가실왕의 명에 내관이 악기 하나를 들고 왔습니다.

"이게 뭔지 알겠나?"

"중국의 악기, 쟁이옵니다."

"맞네. 이것은 중국의 악기, 쟁이야. 과인은 이 쟁보다 더 훌륭한 가야의 악기를 만들고 싶네. 자네가 그것을 해 줄 수 있겠나?"

우륵은 마음속 깊이 간직해 두었던 꿈이 떠올랐습니다. 우륵도 오래전부터 자연의 소리를 좀 더 섬세하게 담아 낼 수 있는 악기를 만들고 싶다는 생각을 했었습니다.

"폐하, 해 보겠습니다. 성심을 다해 가야국만의 악기를 만들어 보겠습니다."

그날 이후 우륵은 가야국의 악기를 만드는 데 온 힘을 쏟았습니다.

중국의 악기 쟁, 가야의 악기 슬 등 갖가지 악기를 다 만져 보고 뜯어 보고, 소리를 내 보며 연구하고 또 연구했습니다. 그리고 마침내 머릿속에 가야국만의 악기를 완성했습니다.

연구를 마친 우륵은 악기의 재료가 될 오동나무를 찾아 가야산 일대를 뒤지기 시작했습니다.

"아, 좋구나! 바로, 이 나무야."

우륵은 가야천변에서 곧고 튼튼한 아름드리 오동나무를 찾아냈습니다. 우륵은 오동나무를 베어다가 깎고 다듬어 가야국만의 악기를 완성했습니다.

우륵은 악기를 가지고 가실왕을 찾아갔습니다.

"폐하, 악기를 완성했습니다."

"오, 이것이 가야국의 악기란 말이지!"

"그러하옵니다."

"악기의 이름도 지었느냐?"

"가얏고이옵니다. 가야의 악기를 뜻하는 가야와 가야에 오래전부터 전해 내려오는 고를 개량하였기에 가얏고라 지었사옵니다."

"거문고는 여섯 줄이던데 가얏고는 줄이 꽤 많구나."

"가얏고의 열두 줄은 일 년 열두 달을 뜻하며, 음을 좀 더 다양하게 하기 위해서입니다."

"그래? 이름도 마음에 들고, 열두 줄의 의미도 참 좋구나. 이제 소리를 내 보아라."

우륵은 가얏고의 줄을 튕겼습니다. 그 소리는 마치 여인네의 가벼운 발소리 같기도 하고, 맑은 물이 또르르 떨어지는 소리 같기도 하고, 짝을 찾는 종달새의 노랫소리 같기도 했습니다.

우륵의 연주를 듣고 있던 가실왕과 신하들은 가얏고의 맑고 청아한 소리에 모두 넋을 잃었습니다.

우륵

? ~ ?
가야 출신 음악가

우륵은 지금의 경남 의령군 부림면 신반리로 추정되는 성열현 출생의 음악가입니다. 우륵은 가실왕의 적극적인 지원으로 제자 이문과 함께 악기 만드는 일에 힘썼습니다. 좋은 오동나무를 구해서 적당한 크기로 잘라 비를 맞히고, 바람을 쏘이고, 햇볕에 말리기를 반복하여 가야금의 공명판을 만들었습니다. 가야금 줄을 떠받치는 받침대에 해당하는 안족은 돌배나무와 벚나무를 이용하여 만들었습니다. 마지막으로 우륵은 최고의 가

가야금

얏고 줄을 구하기 위해 명주실 생산지였던 경북 금릉군 남면 부상리로 향했습니다. 우륵은 하나하나 정성들여 살펴 최고의 명주실을 구해 왔습니다. 그리하여 가야국의 악기 가얏고를 만들었습니다. 우리가 가야금이라고 알고 있는 것의 원래 이름이 '가얏고' 입니다.

가야금을 만든 우륵은 다시 가실왕의 명을 받아 12곡의 가야금 연주곡을 만들었습니다. 그러나 가야국이 우륵의 뜻과 달리 화합하지 못하고 어려워지면서 우륵은 제자 이문과 함께 신라로 망명했습니다. 신라에서 사람들에게 가야금과 춤, 노래 등을 가르치며 생활하던 우륵은 그 소문을 들은 진흥왕의 배려로 신라의 궁중 악사가 됐습니다.

가야국의 멸망과 함께 사라질 위기에 처했던 가야금은 우륵의 노력과 진흥왕의 적극적인 지원으로 후세에까지 이어져 지금은 우리나라 최고의 국악기 중 하나가 되었습니다.

그 시대엔 또 무슨 일이 있었을까?

가야금은 가실왕이 만들었을까?

〈삼국사기〉에 보면 가실왕이 가야금을 만들고 우륵에게 연주곡을 만들라 했다고 되어 있습니다. 하지만 학자들은 가야금은 가실왕이 아니라 우륵이 만들었을 가능성이 더 크다고 합니다. 다만, 가실왕이 가야국의 악기를 만들라고 명했고, 우륵이 만든 가야금을 통해 가야국의 결속을 다지기 위한 통치 수단으로 사용하였기에 가실왕이 만든 악기로 기록되었을 것이라 합니다.

대가야와 신라의 혼인동맹

522년 대가야의 이뇌왕은 백제를 견제하기 위해 신라 법흥왕에게 혼인동맹을 맺자고 했습니다. 이에 법흥왕은 왕실 출신인 이찬 비조부의 누이동생을 대가야에 시집 보냈습니다. 신라는 혼인동맹을 통해 가야를 신라에 통합시키려는 속셈을 가지고 있었습니다.

혼인동맹을 통해 서로 얻고자 하는 바가 달랐던 가야와 신라의 동맹은 그리 오래 가지 못했습니다. 가야의 이뇌왕은 신라에서 보낸 100명의 시종을 가야 연맹 여러 곳에 나누어 살게 하여 신라와의 동맹을 과시했습니다. 그러나 몇 년 뒤 신라는 100명의 시종들을 찾아내 가야 옷이 아닌 신라 옷을 입게 했습니다. 이 때문에 신라에 반감이 많았던 가야 연맹의 탁순국 왕 아리사등이 자기 나라에 있던 신라 시종들을 모두 쫓아버렸습니다. 신라는 이를 빌미로 혼인동맹을 깨고 탁순국을

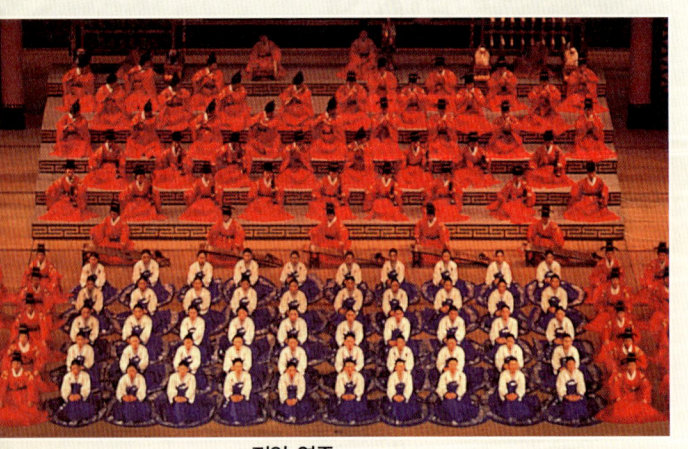
▲ 정악 연주

시작으로 가야 연맹을 공격하기 시작했습니다. 이로 인해 가야 연맹은 점점 사이가 벌어지게 되었고, 그 중 몇몇 나라는 신라에 정복당하거나 항복하였고, 또 몇몇 나라는 백제와 손을 잡고 신라에 맞섰습니다. 이처럼 서로 연합하지 못한 가야 연맹은 562년 대가야의 멸망과 함께 역사 속으로 사라졌습니다.

가야의 가야금이 신라의 가야금이 되기까지

궁중악사가 된 우륵은 신라 악사 중 계고, 법지, 만덕을 뽑아 이들의 재주를 살피어 계고에게는 가야금을 가르치고, 법지는 노래, 만덕에게는 춤을 가르쳤습니다. 우륵이 가야금을 통해 음악가로 널리 알려져 있지만 춤과 노래 어느 하나 빠지지 않고 잘하는 예술가였습니다.

신라 귀족들은 진흥왕이 우륵을 가까이 하는 것을 싫어했습니다. 패전국의 음악을 승전국이 받아 주는 일은 없다며 나라를 망친 가야금의 전수를 반대했습니다. 계고, 법지, 만덕도 12곡이 번거롭고 신라에 맞지 않는다는 이유로 5곡으로 줄였습니다. 가야 연맹의 화합을 담은 12곡이 5곡으로 줄어드는 것은 가야 연맹의 쇠퇴와 멸망을 보는 것 같아 우륵에게는 슬픈 일이었습니다. 하지만 우륵은 제자들이 줄인 5곡이 음악의 완성도 면에서 훌륭하였기에 더욱 가야금 전수를 멈추지 않았습니다. 그리하여 훗날 일본에 가야금이 신라금이라고 전해질 정도로 가야금은 신라 사람들 속에 널리 전해지게 됐습니다.

▲ **우륵 추모비**
충주시 칠금동 산 1번지에 위치하는 탄금대는 우륵이 가야금을 타고 제자들에게 전수한 유서 깊은 유적지로서 지방기념물 제4호로 지정.

알아 두세요

이문(?~?)

우륵의 제자이며 가야금 명인으로, 우륵과 함께 신라에 귀화하여 가야금 전수에 힘을 쏟았습니다. 〈삼국사기〉 악지에 이문이 지은 '오烏', '서鼠', '순鶉' 세 곡이 전해지고 있습니다.

계고(?~?)

신라의 악사로 진흥왕의 명을 받아 우륵에게 가야금을 배웠습니다. 우륵 12곡이 번잡하다 하여 법지, 만덕과 함께 5곡으로 줄였으며, 우륵과 진흥왕에게 모두 좋은 곡이라 인정받아 5곡이 대악인 궁정음악이 되었습니다. 이후 법지, 만덕과 함께 대나마 벼슬까지 올랐습니다.

▲ 가야금

월광태자(?~?)

대가야와 신라의 혼인동맹을 맺어 태어난 왕자로 대가야의 마지막 왕입니다. 어머니의 나라 신라로부터 아버지의 나라 대가야를 잃은 월광태자는 합천 월광사에서 여생을 보냈습니다.

탄금대

탄금대는 충주 대문산에 있으며, 남한강과 달천이 만나는 곳입니다. 탄금대는 우륵이 말년을 보낸 곳으로, 제자들과 어울려 가야금을 타던 곳입니다. 때문에 사람들은 우륵이 가야금을 타던 곳이라고 하여 탄금대라고 짓고 탄금대에 세워진 정자를 탄금정이라고 불렀습니다.

우륵 12곡

우륵 12곡은 대가야의 왕인 가실왕이 우륵에게 명하여 만들어진 12곡의 가야금 연주곡입니다. 당시 대가야는 크고 작은 여러 가야 연맹을 이끌고 있었고, 가야를 차지하려는 백제의 위협을 받고 있었습니다. 이 때문에 가실왕은 음악을 통해 가야 연맹의 결속을 다지려 했습니다. 우륵은 그 뜻을 받들어 가야국들을 돌아다니며 각국의 특징을 살피어 가야금 12곡을 만들었습니다.

◀ **탄금대비**
신라 진흥왕 때 악성 우륵이 가야금을 탄주하던 곳이라 전한다. 본래 대문산이라 부르던 작은 산으로, 밑으로 남한강과 접하면서도 기암절벽에 송림이 우거져서 경치가 좋은 곳이다.

초등 사회과 탐구 6-1

하늘을 연 우리나라 최초의 여왕
선덕여왕

"폐하, 당나라 임금이 하사품을 보냈습니다."
당나라에 갔던 사절들이 진평왕 앞에 당나라 임금의 하사품을 내려놓았습니다.
"풀어 보아라."
"네, 폐하."
신하는 고운 비단 보자기를 하나하나 풀어 하사품들을 선보였습니다.
"호랑이 가죽이옵니다."
"음, 좋구나."
"그림이옵니다."
"가져오너라."
신하는 진평왕에게 그림을 가져갔습니다.
"예쁜 꽃이구나. 이 꽃이 무슨 꽃이냐?"
"모란꽃이라고 합니다. 여기 씨앗도 있습니다."
신하가 진평왕에게 씨앗 주머니를 올렸습니다.
"정말 아름다운 꽃입니다. 향기가 참 좋을 것 같습니다."
첫째 공주가 말했습니다.
"맞습니다. 꽃송이도 큰 것이 향기도 진하고 좋을 것 같습니다."
신하들도 첫째 공주의 말에 맞장구를 쳤습니다.
"그 꽃은 향기가 나지 않을 것입니다."
둘째 공주가 말했습니다.
"향기가 나지 않는다니. 세상에 향기 없는 꽃이 있을까?"

첫째 공주가 둘째 공주를 보며 말했습니다.
"세상의 모든 꽃이 다 향기를 가지고 있을까? 대신들도 그렇게 생각하나요?"

둘째 공주가 신하들을 보고 물었습니다.
신하들은 고개를 갸웃거렸습니다.
"글쎄요. 세상 모든 꽃이 다 향기가 있는지 그것은 잘 모르겠지만 그림 속의 꽃은 꽃송이가 탐스럽고 아름다운 것이 진한 향기를 가지고 있을 것 같습니다."
한 신하가 자신의 생각을 자신 있게 말했습니다.
"저도 그렇게 생각합니다. 저렇게 아름다운 꽃이 향기가 없다는 것은 말이 안 됩니다."
대부분의 신하들이 그림 속의 꽃에 향기가 있을 거라고 대답했습니다.
"하하하! 둘째 덕만 공주만 그림 속에서 꽃향기를 못 맡았구나."
진평왕은 그림을 보며 하하하 웃었습니다. 진평왕도 그림 속 꽃이 하도 예뻐서 향기가 느껴지는 것 같았거든요.

"그림은 그림일 뿐이니 이 꽃씨를 직접 심어 보는 게 낫겠구나."

진평왕은 신하에게 꽃씨 주머니를 건넸습니다.

"궁궐 화단 제일 좋은 곳에 꽃씨를 심도록 하라. 꽃이 피면 여기 있는 모든 사람들이 꽃에서 향기가 나는지 안 나는지 확인해 볼 수 있도록 잘 가꾸어야 한다."

왕의 명령에 신하들은 꽃씨를 받아 화단에 심었습니다.

날이 따스해지면서 꽃씨에서 싹이 나고 줄기가 올라왔습니다.

초여름이 되자 여기저기 붉은빛, 자주빛, 흰빛 등 색색의 모란꽃이 활짝 피었습니다.

진평왕은 공주와 신하들을 이끌고 모란꽃이 피어 있는 화단으로 갔습니다.

"향기가 나느냐? 나는 향기가 안 나는 것 같구나."

"저도 향기가 나지 않는 것 같습니다."

향기가 좋을 것 같다고 말했던 첫째 공주도 고개를 저었습니다.

"하하하! 덕만 공주의 말이 맞구나. 이 꽃은 꽃향기가 없구나."

진평왕은 덕만 공주의 머리를 쓰다듬었습니다.

신하들은 모두 덕만 공주를 보고 머리를 조아렸습니다.

"덕만 공주, 너는 어떻게 이 꽃이 향기 없는 꽃이라는 것을 알았느냐?"

"그림을 보고 알았지요."

"그림을 보고 알았다?"

"네, 아름다운 꽃에는 나비와 벌이 따르기 마련인데 그림 속 꽃에는 나비와 벌이 보이지 않았습니다. 그래서 이 꽃이 보기에는 탐스러우나 향기가 없어 나비와 벌을 부르지 못하는구나, 생각했습니다."

둘째 덕만 공주의 말에 진평왕은 물론이고 신하들도 감탄을 금치 못했습니다.

이 일로, 훗날 우리나라 최초의 여성 지도자가 될 덕만 공주의 지혜로움은 백성들 입에서 입으로 널리 전해졌습니다.

선덕여왕

- ? ~ 647
- 성은 김씨, 이름은 덕만, 호는 성조황고
- 신라 제27대 왕

선덕여왕은 진평왕의 둘째 딸로 태어났습니다. 진평왕은 덕스럽고 착해 보인다고 하여 선덕여왕의 이름을 덕만으로 지었습니다. 이름대로 덕이 많고 총명하기까지 하여 진평왕으로부터 많은 사랑을 받았습니다. 아들이 없던 진평왕은 631년 덕만을 자신의 후계자로 내세웠습니다. 당시 신라 여성들은 남성 못지않은 대우를 받으며 살았습니다.

선덕여왕 14년에 완성한 황룡사 터에서 출토된 치미(망새)

유산 상속도 남성과 똑같이 받았고, 재혼도 자유롭게 할 수 있었습니다. 하지만 관직에 나가 정치를 하는 여성은 없었습니다. 때문에 칠숙과 석품 등 몇몇 신하들은 덕만이 왕위에 오르는 것을 못마땅하게 여겨 반란을 일으켰습니다. 이에 진평왕은 칠숙과 석품을 잡아 그 자리에서 목을 베어 덕만이 왕위에 오르는 것에 다시는 반대하는 자가 없도록 본보기를 보였습니다. 반란을 진압한 진평왕은 632년 병으로 세상을 떠나고 그 뒤를 이어 덕만은 우리나라 최초의 여왕, '선덕여왕'이 되었습니다.

선덕여왕은 이름답게 덕을 널리 베풀었습니다. 흉년으로 고생하는 백성들을 구제하기 위해 세금을 감면해 주거나 면제해 주었습니다. 또한 가뭄과 홍수에 대비하여 농사를 편하게 지을 수 있도록 날씨를 관측할 수 있는 첨성대를 세우게 했습니다.

고구려, 백제와 끝없는 영토 분쟁에 시달리던 선덕여왕은 삼국통일의 염원을 담아 황룡사 9층탑을 세워 왕권을 강화하고 강한 신라를 만드는 데 힘을 쓰다 647년 병으로 세상을 떠났습니다.

그 시대엔 또 무슨 일이 있었을까?

백제와 고구려의 위협

선덕왕 2년인 633년 백제는 신라 서쪽 지방을 공격했으며, 636년에는 독산성을 공격했습니다. 신라는 알천을 보내 백제를 물리쳐 겨우 한숨을 돌렸습니다. 하지만 638년에 고구려가 임진강변을 쳐들어와 신라는 다시 전쟁을 해야 했습니다. 이때 신라는 알천을 보내 고구려를 물리치게 했습니다. 하지만 고구려의 침입이 잦아지자 선덕여왕은 지금의 강릉에 해당하는 하슬라에 작은 서울인 북소경을 만들어 고구려의 침입을 막았습니다.

당나라와 손을 잡다

642년 의자왕은 군대를 이끌고 신라를 공격해 순식간에 신라 서쪽지역의 40여 성을 차지했습니다. 고구려 또한 신라를 공격해 당항성을 차지했습니다.

자신들의 힘으로 고구려와 백제를 물리칠 수 없었던 신라는 당나라에 사신을 보내 도움을 청했습니다. 당나라와의 외교관계를 돈독히 한 신라의 외교 정책은 백제와 고구려를 멸망시키고 삼국을 통일하는 발판이 됐습니다.

▲ 백제 의자왕 생애 기록비

▲ 분황사 석탑
선덕여왕 3년(634) 분황사의 창건과 함께 건립된 것으로 추측된다.

상대등 비담의 반란

　선덕여왕은 왕위에 오를 때 50세가 넘은 나이였습니다. 지혜롭고 덕이 많은 선덕여왕이었지만 고구려, 백제와 끊이지 않는 영토 분쟁으로 수없이 많은 전쟁을 치르느라 나라를 안정시키는 것은 쉬운 일이 아니었습니다. 나라 안팎으로 신경을 쓰다 보니 선덕여왕의 건강은 점차 나빠졌습니다. 이제 선덕여왕도 후계자를 찾아야 했습니다. 하지만 선덕여왕은 자식이 없었습니다. 남아 있는 성골은 자신의 사촌 여동생 승만밖에 없었습니다. 선덕여왕을 극진히 받들던 김춘추와 김유신은 승만을 왕으로 삼는 것에 찬성했습니다. 하지만 상대등 비담은 여왕을 세우는 것에 반대했습니다. 당시 당나라 태종은 여자를 왕으로 삼았다고 신라를 무시하고 선덕여왕을 모욕했습니다. 이 때문에 비담은 또 여왕을 세워 신라가 무시당하는 일이 없어야 된다고 생각했습니다. 그리하여 647년 선덕여왕이 황룡사 9층탑을 건설하느라 재정만 축내고 나랏일을 잘못했다며 측근 염종과 함께 반란을 일으켰습니다.

　김춘추와 김유신은 비담 일당을 진압하고 승만을 왕에 오르게 했습니다. 그녀가 바로 진덕여왕입니다.

알아 두세요

알천(?~?)

전쟁에서 패한 적이 거의 없는 뛰어난 전략가이자 장군으로 진덕여왕 때 최고 벼슬인 상대등에 올랐습니다. 진덕여왕이 후사 없이 죽자 신하들은 알천을 왕으로 세우려 했지만 알천은 자신은 이미 늙었다며 김춘추를 왕으로 추대했습니다.

이세민(598~649)

당나라 제2대 황제로 당 태종이라 불립니다. 이세민은 신라에 왕이 될 남자가 없으면 자기의 친척 중 한 명을 보내 왕으로 삼아 주겠노라고 선덕여왕을 무시했습니다.

하지만 선덕여왕은 이세민의 태도에 맞서 싸울 수 없었습니다. 고구려와 백제의 위협을 받고 있었기 때문에 오히려 당나라 국학에 왕실의 자제들을 입학시키며 당나라와의 관계를 좋게 유지하기 위해 힘썼습니다.

의자왕(?~660)

의자왕은 무왕의 맏아들로 태자시절 해동증자라 불렸습니다. 효심이 지극하고,

▼ 당 태종 이세민   ▼ 의자왕과 부여융 제단

형제간에 우애가 좋은 것이 마치 중국의 현인증자와 같다 하여 바다 건너 동쪽에 있는 증자라는 뜻으로 붙여진 별칭이었습니다. 하지만 왕권 말년에 사치스럽고 방탕한 생활을 하여 백제를 멸망의 길로 들어서게 했습니다.

첨성대

선덕여왕 때 세운 천문대로, 동양에서 현존하는 가장 오래된 천문대입니다. 경북 경주시 인왕동리에 있으며, 화강석으로 둥그렇게 쌓아 올렸으며, 높이가 9.17m입니다. 현재 국보 제31호로 지정되어 있습니다.

▲ 첨성대

황룡사와 9층 목탑

황룡사는 경상북도 경주시 구황동에 있는 절입니다. 진흥왕이 새 궁궐을 지으려다가 누런 용이 하늘로 올라가는 것을 보고 궁궐 대신 절을 짓게 하여 '황룡사'라고 이름을 붙였습니다. 553년 진흥왕 때 짓기 시작하여 645년 선덕여왕 14년에 완공되었습니다. 지장율사의 건의로 645년에 황룡사 9층 목탑을 세웠습니다. 하지만 고려 시대인 1238년 몽골군의 침입으로 신라 최고의 절이었던 황룡사와 9층탑이 불에 타버리고 터만 남았습니다.

▼ 황룡사 9층 목탑

초등 사회과 탐구 6-1, 초등 읽기 6-1

삼국통일의 명장
김유신

잠자리에 들었던 김서현은 자신의 가슴으로 별이 떨어지는 꿈을 꾸었습니다.
"참으로 이상하구나! 별이 떨어지는 것은 아들을 얻는다는 꿈인데……."
김서현은 사랑하는 만명 낭주에게 달려갔습니다.
"만명 낭주, 참으로 이상한 꿈을 꾸었어요. 토성과 화성이 엄청나게 커지더니 갑자기 내 가슴으로 떨어지는 꿈이었소."
"그래요? 저도 이상한 꿈을 꾸었습니다."
"무슨 꿈이오?"
"어두운 하늘이 갑자기 환해지더니 금빛 갑옷을 입은 예쁜 동자가 구름을 타고 우리 집 마당으로 내려왔어요. 구름은 마당에 닿자 사라지고 동자는 천천히 저에게 걸어왔어요. 그래서 저도 모르게 그 아이를 안았답니다."
김서현과 만명 낭주는 서로의 꿈 얘기를 하며 신기해했습니다.
"참으로 신기한 일이오. 낭주는 동자 꿈을 꾸고, 나는 아들을 얻는 꿈을 꾸다니."
"우리에게 별처럼 빛나는 아들이 생기려나 봅니다."
김서현과 만명 낭주는 서로의 손을 잡고 좋아했습니다.
하지만 결혼에 대한 걱정은 떨쳐버릴 수가 없었습니다. 김서현은 가야 왕족 출신이고 만명 낭주는 신라 왕족 출신이었기 때문에 만명 낭주 집에서 허락을 해 주지 않았습니다.
며칠 뒤 만명 낭주가 태기의 징조인 구역질과 입덧을 하기 시작했습니다.
"이게 어찌된 일이냐? 아직 결혼도 안 한 처녀가 왜 입덧을 하는 것이야?"
어머니는 만명 낭주를 다그쳤습니다.

"어머니, 김서현과의 혼인을 허락하여 주십시오."
"안 돼. 비록 진골 대접을 받으며 살고 있지만 그 집안은 신라 왕족이 아니라 가야 왕족이지 않느냐. 절대 혼인할 수 없다."
어머니는 김서현과의 혼인을 반대했습니다. 아버지마저 김서현과의 혼인을 반대하며 김서현을 아예 변방인 만노산성으로 쫓아 버렸습니다.

만명 낭주는 별채에서 하인들의 감시를 받으면 갇혀 지냈습니다. 그런데 어느 날 갑자기 벼락이 치며 별채 한쪽이 무너져 내렸습니다.
"하늘이 준 기회로구나!"
만명 낭주는 벌벌 떨고 있는 하인들 틈을 빠져 나와 김서현이 있는 만노산성으로 말을 몰았습니다.
마침내 함께 살게 된 김서현과 만명 공주는 행복했습니다. 마땅치 않지만 만명 공주의 집안도 둘의 혼인을 더 이상 반대하지 않았습니다.

어느 덧 시간이 흘러 태기가 있은 지 10달이 되었습니다. 하지만 아기는 나오지 않았습니다. 다시 10달이 흐른 후에야 진통이 시작되더니 등에 북두칠성 모양의 별을 가진 아이가 태어났습니다. 그 아이가 바로, 김유신이었습니다.

김유신이 태어난 후 김서현과의 혼인을 반대했던 만명 낭주의 집안도 김서현을 사위로 인정하고 가깝게 지냈습니다.

"유신아, 너는 가야 왕족의 시조인 김수로왕의 후손이고 너의 외할아버지 숙흘종은 진흥왕의 아우시다. 너는 가야와 신라 두 왕족의 화합으로 탄생한 귀한 존재임을 잊지 말아야 한다. 알겠느냐?"

"네, 아버지."

김서현은 별의 기운을 얻어 태어난 유신을 위해 스승을 따로 정해 두고 학문과 무예 등을 가르쳤습니다.

"사냥 훈련 가자!"

열 살이 넘으면서 유신은 친구들의 대장노릇을 했습니다.

"유신아, 너의 활솜씨는 백발백중이구나!"

친구들은 유신의 활솜씨에 감탄했습니다.

"유신아, 우리 언제까지 화살촉 없는 화살로 사냥 연습을 해야 하니?"

유신은 사냥 연습을 할 때면 본인은 물론 친구들의 화살촉도 모두 떼게 했습니다.

"내가 비록 아직 화랑은 아니지만 화랑정신은 잘 알고 있어. 싸움터에 나가서는 절대 물러섬이 있어서는 안 되고 생명을 죽일 때는 반드시 때와 종류를 가려야 한다는 것을. 우리는 지금 사냥을 하려는 것이 아니라 사냥 연습을 하는 것이잖아. 그러므로 말 못하는 동물들이라도 생명을 존중해 주어야 해."

화랑을 꿈꾸던 유신은 어려서부터 화랑정신을 생활화했습니다. 친구들은 그런 유신이 훌륭한 화랑이 될 거라고 입을 모았습니다.

김유신

- 595 ~ 673
- 신라 화랑 출신 명장

김유신은 금관가야의 후손입니다. 금관가야의 마지막 왕인 구형왕이 김유신의 증조할아버지이며, 신라와 백제의 마지막 전투에서 백제 태자 창과 싸웠던 장군 김무력이 할아버지입니다.

김유신

18세에 제15세 풍월주에 오른 김유신은 34세인 629년 아버지 김서현을 따라 낭비성 전투에 처음 참가했습니다. 하지만 1차 전투에서 신라는 고구려에 패했습니다. 이에 김유신은 홀로 적진에 뛰어들어 적장의 목을 벴습니다. 이 모습에 신라군은 사기가 올라 적장을 잃은 고구려군을 물리치고 낭비성을 빼앗았습니다.

642년에는 백제의 침공을 막기 위해 고구려에 군사를 요청하러 가는 김춘추와 삼국통일 맹세를 했습니다.

많은 전투에서 승리를 이끈 김유신은 647년에 반란을 일으킨 비담을 진압하였고, 654년 진덕여왕이 아들이 없이 죽자 김춘추를 추대하여 무열왕에 오르게 하여 그 공으로 상대등이 되었습니다.

660년에는 당나라 소정방과 연합하여 백제를 멸망시키고, 668년에는 병석에 누워서 전략을 짜 문무왕이 고구려를 멸망시키는 데 큰 기여를 했습니다. 가야 왕족에서 신라의 최고 장군이자 귀족으로 삼국통일을 이끈 김유신은 673년 7월 79세의 나이로 세상을 떠났습니다. 오랜 세월이 흘러 신라 제42대 흥덕왕은 김유신에게 흥무대왕이라는 시호를 내려 김유신의 공을 기렸습니다.

그 시대엔 또 무슨 일이 있었을까?

천관사를 짓다

　김유신이 천관이라는 기생을 만난 후 날마다 천관의 집을 찾아 술을 마시고, 천관의 가야금 소리를 들으며 지냈습니다. 김유신의 부모님은 화랑의 본분을 다하지 못하는 김유신을 꾸짖었습니다. 천관 또한 장차 큰 일을 할 김유신이 걱정되어 일부러 집에 돌려보내기도 했습니다. 김유신도 화랑으로서 열심히 수련에 임하기로 마음먹고 천관의 집을 찾지 않았습니다. 그러던 어느 날, 술에 취해 집으로 향하던 김유신은 자신이 어느새 천관의 집 앞에 와 있는 것을 보고 깜짝 놀랐습니다. 날마다 천관의 집을 찾던 습관 때문에 말이 알아서 천관의 집으로 김유신을 데려온 것이었습니다. 천관은 오랜만에 찾은 김유신을 반갑게 맞이하려 했지만 김유신은 다시는 천관을 찾지 않겠다는 어머니와의 약속을 떠올리며 그 자리에서 말의 목을 베어 버렸습니다. 아끼는 말의 목을 친 후 김유신은 다시는 천관의 집을 찾지 않았습니다. 이후 천관은 김유신을 잊지 못해 스스로 목숨을 끊었습니다. 김유신은 50여

김유신 장군 탄생지
충청북도 진천군 진천읍 상계리에 소재. 사적 제414호.

년이란 세월이 흐른 어느 날 다시 천관의 집을 찾았습니다. 그리고 허물어져 가는 그곳에 천관을 위로하는 천관사를 지었습니다.

태대각간의 자리에 오르다

태대각간은 문무왕이 만든 것으로 나라에 큰 공이 있는 사람을 특별히 대우하기 위해 만든 벼슬입니다. 668년 드디어 고구려를

▲ 김유신 장군 동상

멸망시키고 삼국통일을 이룬 문무왕은 돌아가신 아버지 태종 무열왕과 함께 삼국통일을 이루는 데 큰 공을 세운 김유신의 업적을 기리고 싶었습니다. 문무왕은 김유신의 공을 특별히 대우하여 대각간보다 위라는 뜻으로 태대각간이라는 벼슬을 만들어 내린 것이었습니다. 김유신을 생각하는 문무왕의 마음은 특별했습니다. 아버지와 함께 나라의 온갖 어려움을 헤쳐온 김유신을 아버지처럼 믿고 따랐습니다. 673년 7월 1일 김유신이 눈을 감았을 때 마치 아버지가 돌아가신 것처럼 대성통곡을 하며 극진히 장사를 지내 금산원에 묘를 만들어 주었습니다.

당나라와의 전쟁

당나라와 연합하여 668년 마침내 삼국통일을 이룬 신라는 이제 당나라와 싸워야 했습니다. 신라와 함께 백제와 고구려를 멸망시킨 당나라군이 자기 나라로 돌아가지 않고 고구려와 백제를 차지하려 했습니다. 마침내는 당에 간 신라 사신까지 억류하며 신라를 차지하려는 속셈을 드러냈습니다. 668년 삼국통일 이후 당나라와 크고 작은 전쟁을 계속 치른 신라는 676년 당나라 설인귀의 군대를 대패시키면서 그때까지 옛 고구려 땅을 지배하고 있던 당나라를 요동으로 몰아냈습니다.

이로써 신라는 진정한 삼국통일을 이루었지만 대동강 이북의 옛 고구려 땅은 당나라에 빼앗기고, 대동강 이남의 고구려 땅만 신라의 차지가 되었습니다.

알아 두세요

김춘추(602~661)

▲ 태종 무열왕

신라 제29대 왕으로 태종 무열왕이라 불립니다. 진지왕의 손자이며 김유신의 누이동생 문명을 아내로 얻었습니다. 626년 24세에 제18세 풍월주에 올랐으며, 진평왕과 선덕여왕, 진덕여왕을 보필하며 신라의 삼국통일을 이끌었습니다. 642년 백제 장군 윤충이 대야성을 함락시킬 때 사위 품석과 딸 고타소 등을 죽인 일로 고구려, 당 등의 외교관계를 통해 백제를 고립시키는 정책을 펼쳤습니다. 김유신이 장군으로 전쟁터를 누비며 삼국통일을 이끌었다면, 김춘추는 외교력으로 삼국통일을 이끌었습니다. 특히 당나라와의 외교를 강화하여 고구려와 백제를 멸망시키는 데 큰 힘을 발휘했습니다. 왕위에 오른 후에는 왕권을 강화하고 군사 조직을 강화하는 등 대국으로서의 국가 체제를 확립시켜 이후 120여 년간 정치의 황금기를 맞는 데 큰 역할을 했습니다.

소정방(592~667)

당나라의 장군으로 660년 대총관이 되어 신라군과 함께 백제 사비성을 공격했습니다. 사비성을 함락시키고 의자왕이 피해 있는 웅진성까지 쳐들어가 의자왕으로부터 항복을 받아 내고 의자왕과 태자 융 등을 당나라로 데려갔습니다. 661년 당나라 고종의 명을 받아 고구려를 공격했습니다. 이에 신라는 김유신을 보내 소정방을 지원하게 했지만 소정방은 고구려에 대패해 당나라로 도망쳤습니다.

▲ 김유신 장군 묘
경북 경주시 충효동에 소재. 사적 제21호.

문무왕(626~681)

　이름은 법민이며, 태종 무열왕과 김유신의 누이동생인 문명왕후 사이에서 맏아들로 태어났습니다. 660년 신라와 당나라의 연합군이 백제를 공격할 때 김유신과 함께 군사를 이끌고 나가 백제 멸망에 앞장섰습니다. 661년 아버지 태종 무열왕이 죽자 뒤를 이어 왕위에 올랐습니다. 백제를 멸망시키고 수차례 고구려를 공격한 끝에 668년 당나라와 연합하여 평양성을 장악하면서 고구려를 멸망시켰습니다.

　아버지 때부터 시작한 삼국통일의 꿈을 이룬 문무왕은 죽어서도 나라를 지키겠다며 수장을 해 달라고 했습니다. 그 뜻은 죽어서라도 용이 되어 왜군의 침입을 막겠다는 뜻이었습니다.

▲ 문무왕의 수중릉인 대왕릉
681년 왕이 죽자, 유언에 따라 화장한 뒤 경주 양북면 봉길리 앞바다 대왕암에 장사지냈다.

153

중등 국사

불교의 대중화를 이끈
원효

별이 밤하늘에 하나, 둘 떠올랐습니다.
까맣던 하늘은 어느새 수많은 별들로 반짝였습니다.
"웬 별이 저렇게 많이 떴지? 마치 날이 밝아오는 것 같네!"
창밖을 내다보던 부인은 밤하늘에서 눈을 떼지 못하고 별을 쳐다봤습니다. 그런데 갑자기 가장 밝게 빛나던 별이 긴 빛줄기를 달고 별똥별이 되어 부인을 향해 떨어지기 시작했습니다.
"아, 별이!"
부인은 팔을 벌려 떨어지는 별똥별을 받았습니다. 그 순간 부인은 잠에서 깼습니다.
"정말 이상한 꿈이구나."
그날 이후 부인은 조금씩 배가 불러오기 시작했습니다. 부인이 꾼 꿈은 태몽이었습니다.
만삭이 된 부인은 아기를 낳기 위해 남편과 함께 친정으로 향했습니다.
"서방님……."
길을 걷던 부인이 갑자기 배를 잡고 주저앉았습니다.
"부인, 왜 그러시오?"
"아기가……."
부인은 배가 아파 제대로 말을 잇지 못했습니다. 남편은 주위를 살피더니 부인을 번쩍 들어 밤나무가 빙 둘러쳐진 평평한 풀밭으로 달려갔습니다.
풀밭에 누워 진통을 하던 부인은 별이 하나, 둘 떠오를 무렵 아기를 낳았습니다. 그 순간 아기 울음소리와 함께 어둡던 밤하늘에 오색구름이 떠올랐습니다.

오색구름이 비치는 밤나무 아래에서 태어난 아기의 이름은 서당입니다.

사람들은 신비한 오색구름 아래 태어난 서당이 하늘의 축복을 받은 아이라 생각했습니다. 커서 나라를 빛낼 훌륭한 사람이 될 것이라 믿었습니다.

서당은 사람들의 기대대로 건강하고 총명하게 자랐습니다.

"서당아, 너는 커서 어떤 사람이 되고 싶으냐?"

서당과 함께 산책을 하던 할아버지가 물었습니다.

"화랑이 되고 싶어요. 김유신 장군처럼 멋진 화랑이 되어 나라를 지킬 거예요!"

서당은 큰 소리로 대답했습니다.

"그럼, 신라인이라면 당연히 화랑이 되어 나라를 지켜야지."

할아버지는 서당이 자랑스러워 머리를 쓰다듬었습니다.

당시 신라는 백제, 고구려와 영토 전쟁이 자주 일어나 백성들은 하루도 마음 편히 지낼 수 없었습니다. 하지만 전쟁터에 나가 용감하게 나라를 지키는 화랑들을 보며 하루하루 열심히 살았습니다.

서당은 화랑이 백성들의 영웅이라고 생각했습니다. 빨리 커서 멋진 화랑이 되어 백성들의 영웅이 되고 싶다는 생각도 했습니다.

그러던 어느 날이었습니다. 화랑이 되어 열심히 수련을 하던 서당은 수십 명의 사람이 힘없는 모습으로 마을로 들어서는 것을 보았습니다. 사람들은 모두 누더기 차림을 하고 있었으며 그 중에는 부상을 입은 사람들도 있었습니다.

"쯧쯧쯧, 또 전쟁이 났구나."

"백제가 서쪽 국경을 쳐들어와 피난을 온 사람들이구먼."

사람들은 피난민들을 보며 안타까워했습니다. 서당은 피난민들에게서 눈을 뗄 수가 없었습니다. 특히 무서움에 떨며 마을 사람들에게서 먹을 것을 받아먹는 아이의 모습은 잠자리에 들어서까지 잊히지 않았습니다.

"전쟁은 무서운 거야. 어느 쪽이 승리하든 죄 없는 백성들은 피해를 보게 되잖아."

서당은 전쟁이 싫었습니다. 전쟁에서 이겨 승리를 거둔다는 것도 싫었습니다.

"할아버지, 아버지, 어머니. 이제부터 저는 스님이 되고자 합니다."

"화랑이 아니고?"

할아버지가 물었습니다.

"네, 전쟁에서 백성들을 구할 수 있는 것은 용감한 화랑이나 장군이 아니라 서로를 사랑하는 마음이라고 생각합니다. 전쟁은 무서운 것이라 생각합니다. 나라가 다르다고 왜 서로를 죽여야 하나요. 서로 평화롭게 어울려 살아가면 안 되는 것일까요? 할아버지, 아버지, 어머니 저는 그 답을 찾고 싶습니다. 나라가 달라도 서로를 사랑할 수 있는 마음을 백성들에게 나누어 주고 싶습니다."

화랑을 꿈꾸던 서당은 전쟁으로부터 백성들을 구해 줄 평화와 사랑의 마음을 품고 스님의 길로 떠났습니다.

원 효

617 ~ 686
성은 설씨, 아명은 서당, 신당. 법명은 원효
신라 무열왕과 문무왕 때의 고승

원효는 삼국의 전쟁이 한창이던 617년 지금의 경상북도 경산시 자인면에 해당하는 압량주에서 태어났습니다.

전쟁으로 고통받고 죽어가는 사람들을 구원하기 위해 스님들을 찾아다니며 불경을 공부해 645년 황룡사의 승려가 되었습니다.

원효

650년 의상과 함께 당나라로 유학을 가던 중 요동 땅에서 고구려 군사에게 첩자로 오해받아 감옥에 갇혔다가 풀려나기도 했습니다.

661년 다시 의상과 함께 당나라로 유학을 가던 중 무덤에서 해골물을 마시고 큰 깨달음을 얻어 유학을 포기했습니다. 이후 누구든 깨달으면 부처가 될 수 있다고 생각하여 백성들부터 귀족들까지 신분을 가리지 않고 불법을 가르치려 노력했습니다. 그러던 중 계율을 어기고 요석 공주와의 사이에서 설총을 낳습니다.

계율을 어긴 원효는 승복을 벗고 스스로를 소성 거사라 일컬으며 노래하고 춤을 추며 '무애가'란 노래를 지어 "전혀 걸림이 없는 사람은 생사에서 자유롭다. 나무아미타불만 외우면 극락에서 다시 태어날 수 있다."는 정토 신앙을 백성들에게 퍼뜨리기 시작했습니다. 글을 모르는 백성들은 어려운 불경을 읽지 않아도 쉽게 불교에 다가갈 수 있었습니다. 덕분에 귀족 중심의 불교가 백성들 사이로 널리 퍼지게 되었습니다. 귀족 불교에서 만백성의 불교로 신라의 불교 모습을 바꾼 원효는 686년 경주 남산의 혈사에서 세상을 떠났습니다.

그 시대엔 또 무슨 일이 있었을까?

해골물을 마시고 얻은 깨달음

당주에서 당나라로 향하는 배를 타기 위해 길을 재촉하던 원효와 의상은 비도 오고 날도 저물어 동굴에서 하룻밤 쉬었다 가기로 했습니다. 동굴 안에서 깊은 잠에 빠졌던 원효는 갈증을 느껴 잠에서 깼습니다. 물을 찾아 어두운 동굴을 더듬던 원효는 바가지 하나를 찾아 그 안의 물을 마셔 갈증을 달랬습니다. 다음 날 눈을 뜬 원효는 깜짝 놀랐습니다. 잠을 잔 곳은 동굴이 아니라 무덤이었고, 자신의 머리맡에 놓인 것은 바가지가 아니라 해골이었던 것이었습니다. '맑고 맛있는 물이라 생각할 때는 그보다 맛있는 물이 없었는데, 썩은 물임을 알고 나니 토악질이 나고 괴롭다니. 모든 것은 생각하기 나름이구나. 아, 진리란 밖에서 찾을 것이 아니라 자기 자신에게서 찾아야 하는 것이구나!'

▼ 신륵사
조사당 원효대사가 창건했다고 전해진다.

그리하여 원효는 당나라로 가지 않고 신라로 돌아와 자신만의 불법을 사람들에게 널리 펼쳤습니다.

요석공주와의 만남

요석 공주는 태종 무열왕의 딸입니다. 젊은 나이에 화랑이었던 남편을 백제와의 전쟁에서 잃고 요석궁에서 쓸쓸히 살아갔습니다. 스님들을 만나 부처님 말씀을 들는 것이 유일한 희망이었던 요석공주는 원효의 설법을 들으며 원효를 마음에 품게 되었습니다. 이 사실을 알게 된 원효는 "누가 내게 자루 없는 도끼를 빌려 주지 않겠는가. 내 하늘을 떠받칠 기둥을 베어 오련만."이라며 서라벌 시내를 돌아다니며 노래를 불렀습니다. 도끼 없는 자루는 과부를 뜻하고 하늘을 떠받칠 기둥은 나라를 빛낼 훌륭한 인재라는 노래의 뜻을 안 무열왕은 원효를 요석 공주에게 데려다 주었습니다. 그리하여 요석 공주와 원효는 연을 맺어 신라를 빛내게 될 아들 설총을 낳았습니다.

의상 이야기

원효와 헤어져 혼자 당나라로 유학 온 의상은 선묘라는 아가씨를 알게 되었습니다. 선묘는 남몰래 의상을 사모하게 되지만 의상은 불경 공부를 위해 장안으로 떠났습니다. 의상을 잊지 못하던 선묘는 의상이 불경 공부를 마치고 신라로 돌아갔다는 사실을 알게 되었습니다. 선묘는 의상을 보호하는 용이 되게 해 달라고 부처님께 기도를 올리며 바다에 몸을 던졌습니다.

의상은 어느 날 꿈속에서 선묘가 용이 되었다는 것을 알게 되었습니다. 선묘의 마음에 감동한 의상은 더욱 많은 절을 지어 백성들에게 불법을 전하기로 마음 먹었습니다. 그런데 의상을 시기하는 무리가 절 짓는 것을 방해했습니다. 그러자 하늘에서 천둥 번개가 치더니 하늘에 커다란 용이 바위를 들고 나타났습니다. 방해꾼들은 걸음아 나 살려라 도망가고 잠시 후 용도 사라졌습니다. 의상은 그것이 용이 된 선묘라는 사실을 알고 그곳에 바위가 하늘에 떠 있는 절이라는 뜻으로 부석사를 지었습니다.

▲ **부석사**
경북 영주시 부석면 봉황산 중턱에 있는 절. 경내에는 무량수전(국보 18)·조사당(국보 19)·소조여래좌상(국보 45)·조사당 벽화(국보 46)·무량수전 앞 석등(국보 17) 등이 있다.

알아 두세요

화쟁사상

    불교 경전인 〈금강삼매경〉을 백성들도 쉽게 알 수 있도록 〈금강삼매경론〉으로 풀어 쓴 원효는 여러 종파의 경전들을 모두 공부하여 하나의 원리와 사상으로 통합하였습니다. 종파가 달라도 경전이 담고 있는 뜻은 모두 하나라는 뜻으로 화쟁 사상을 만들었습니다. 화쟁 사상은 서로 대립하던 신라의 여러 불교 종파들이 서로 화합의 길로 나아갈 수 있도록 통합하고 화합해야 한다는 사상입니다. 〈금강삼매경론〉과 〈대승기신론소〉 등 200여 권이 넘는 저술을 통해 화쟁 사상을 널리 퍼뜨리기 위해 노력한 원효는 '동방의 성자', '동방의 제일 큰스님'이란 칭호를 얻었습니다.

의상(625~702)

    19세에 경주 황복사에 들어가 스님이 되었으며, 당나라에서 지엄 스님을 스승으

▼ 화엄사
전남 구례군 마산면 황전리 지리산 노고단 서쪽에 소재.

로 모시고 8년 동안 화엄종에 대한 가르침을 받았습니다. 그러던 중 당나라가 신라의 사신을 옥에 가두고 신라를 치려 한다는 사실을 알게 되어 672년 급히 신라로 귀국하여 문무왕에게 알려 침략에 대비하게 했습니다. 신라로 돌아온 의상은 낙산사를 짓고 관음굴에서 100일 동안 기도를 드리며 신라에 맞는 화엄종을 만들었습니다. 관음굴에서 나온 의상은 676년 봉황산에 부석사를 짓고 마침내 화엄경을 바탕으로 신라에 화엄종을 만들었습니다. 의상은 화엄종을 널리 퍼뜨리기 위해 화엄사, 해인사, 보원사, 갑사 등 전국에 여러 개의 절을 지었습니다.

▲ 설총

화엄종은 실천을 중요시하는 종파로 의상은 스스로 검소한 생활을 하며 실천적인 화엄종을 널리 퍼뜨렸습니다. 문무왕은 신라 불교를 크게 발전시킨 의상에게 많은 땅과 노비를 하사했지만 의상은 화엄종 사상은 모두가 평등한 것이라며 땅과 노비를 모두 거절했습니다. 원효와 한평생 가까이 하며 신라 불교를 발전시킨 의상은 훗날 고려 숙종에 의해 '해동화엄시조 원교국사' 라는 시호를 받았습니다.

설총(655~?)

원효 대사와 요석 공주 사이에서 태어났으며, 불교와 유교, 역사 등 다방면에 재주가 많고 학식이 깊어 강수, 최치원 등과 함께 신라 최고의 학자 중 한 사람으로 손꼽힙니다. 특히 〈시경〉, 〈서경〉, 〈예기〉, 〈춘추〉, 〈논어〉, 〈맹자〉, 〈역경〉, 〈효경〉, 〈이아〉 등 중국 고전 9경을 우리말로 해석하여 국학에서 강연하여 우리나라 유학 발전을 이끌었습니다. 또한, 세종에 의해 훈민정음이 만들어지기 전 우리 글자 역할을 했던 이두를 정리하고 발전시키기도 했습니다. 아버지 원효 대사처럼 승려가 되었다가 파계승이 되어 스스로를 소성 거사라고 하였습니다.

초등 사회 4-2, 중등 국사

백제 마지막 명장
계 백

계백은 자신보다 훨씬 큰 말을 타고 산길을 달렸습니다. 말을 타고 달리다 보면 바람을 가르는 것 같아 기분이 시원했습니다. 바람처럼 어디든 갈 수 있을 것 같았습니다.

"이리야, 이리야! 워워."

계백은 산길을 달려 백강이 내려다보이는 언덕에 도착했습니다.

강에는 커다란 당나라 깃발이 꽂힌 사신선이 들어오고 있었습니다.

"저 배는 어떻게 여기까지 왔을까?"

계백은 당나라로 향하는 뱃길을 머릿속에 그려 보았습니다. 하지만 쉽게 그려지지 않았습니다. 한 번도 고향 마을을 떠나 보지 않았던 계백에게 당나라는 너무도 머나먼 곳이었습니다.

계백은 한참 동안 사신선을 바라보다 말 머리를 집으로 돌렸습니다.

"계백아, 또 제비를 끌고 나간 것이냐? 제비 말고 조랑말을 타라는 어머니 말을 계속 무시할 것이냐?"

어머니가 말을 타고 들어온 계백을 보며 나무랐습니다.

"무슨 일이오?"

때마침 집에 돌아온 아버지가 어머니에게 물었습니다.

"계백이 제비를 끌고 나가서 야단을 치는 중이었습니다."

"계백이 제비를 끌고 나갔다고요?"

아버지는 제비의 고삐를 잡고 있는 계백을 바라보았습니다.

"허허허!"

"대감, 왜 그리 웃으십니까?"

"저 모습 좀 보시오. 키가 말 등에도 닿지 못하는 작은 꼬마가 당당하게 고삐를 잡고 있는 모습이 우습지 않소? 허허허!"

아버지는 웃으며 계백 앞에 가까이 다가갔습니다.

"계백아, 네가 진정 이 말을 탈 수 있단 말이냐?"

"네, 제비를 타고 힘차게 달릴 수도 있습니다."

여덟 살 때부터 말을 타기 시작한 계백은 말 타는 것이라면 자신 있다는 듯 고삐를 더욱 꽉 움켜쥐었습니다.

"왜 하필 많은 말 중에 제비를 골랐느냐?"

"마구간에 있는 어떤 말보다 허벅지가 굵고 단단했으며, 털이 윤기가 흐르는 것이 좋은 말 같아 보였습니다."

"하하하, 네가 말을 볼 줄 아는구나. 맞다. 제비는 명마 중의 명마니라."

아버지는 계백을 야단치지 않고 웃으며 머리를 쓰다듬어 주었습니다.

"계백아, 네가 내년이면 몇 살이 되느냐?"

저녁 식사를 마친 아버지가 물었습니다.

"열한 살이 됩니다."

"그래, 우리 계백이가 어느덧 늠름한 소년이 되었구나!"

아버지가 계백을 찬찬히 살폈습니다.

"계백아, 연무관에 대해 들어본 적 있느냐?"

"네, 무술을 연마하는 무예원이라 들었습니다."

"그래, 연무관은 백제 젊은이들의 무예와 정신을 수련하기 위해 만든 곳이다. 너도 이제 내년이면 열한 살이 되니 연무관에 들어가는 것이 어떠냐?"

"정말요?"

"싫으냐?"

"아닙니다. 연무관에 들어가서 훌륭한 백제의 젊은이가 되고 싶습니다."

계백은 연무관에 가게 됐다는 것이 너무 기뻤습니다. 연무관은 신라의 화랑 제도에 대응하기 위해서 만들어진 곳이었습니다. 비록 신라의 장군이기는 하나 화랑 출신 김유신을 동경하고 있던 계백은 연무관에 들어가서 훌륭한 김유신처럼 나라를 지키는 장군이 되고 싶었습니다.

"계백아, 앞으로 제비를 타고 싶으면 언제든 타도 좋다."

"대감, 계백이 덩치 큰 제비를 탄다는 것은 위험한 일입니다. 타다가 떨어지기라도 하면……."

어머니는 계백이 다칠까 걱정되었습니다.

"부인, 걱정 마시오. 계백이 진정한 사내대장부라면 과욕을 부리지 않을 것이오. 그렇지 않느냐?"

"네, 어머니, 걱정 마십시오. 비록 제가 작고 어리기는 하나 제비를 다룰 만한 용기와 재주를 가지고 있습니다."

계백이 제법 어른스럽게 말을 하자 어머니도 더 이상 계백을 말리지 못했습니다.

계백

? ~ 660
백제 말의 장군이자 달솔

계백의 아버지는 군사를 다스리는 병관 좌평 아래 있는 달솔이라는 벼슬을 가지고 있었습니다. 달솔은 특별히 공을 세워 승진하거나 죄를 지어 강등되지 않으면 자손 대대로 세습되는 벼슬자리였습니다.

계백

연무관에서 3년 동안의 무예와 정신 수련을 마친 계백은 우수한 성적으로 연무관을 졸업하고 국사가 됐습니다. 국사는 신라의 화랑과 같은 것으로 연무관을 졸업한 무사들을 일컫는 말입니다. 활쏘기, 검술, 창술 등 모든 무예 실력이 뛰어난 계백은 의자왕을 모시는 근위대장 겸 달솔로 나랏일을 돌봤습니다.

신라 진흥왕에게 한강 유역을 뺏긴 백제는 신라를 맹공격했습니다. 아버지와 함께 출전한 첫 전투에서 신라 성 두 곳을 함락시키는 등 계백은 많은 전투에서 승리를 거두었습니다.

그러던 660년 김유신과 소정방이 이끄는 연합군이 백제의 중요 군사기지인 탄현과 백강으로 쳐들어왔습니다. 계백은 이번 전투가 마지막이 될지도 모른다고 생각했습니다.

계백은 전쟁터로 나가기 전 집으로 돌아가 가족들을 전부 죽였습니다. 가족들 또한 살아서 신라의 노예가 되느니 백제 사람으로 죽는 게 낫다는 계백의 뜻을 따랐습니다. 스스로 가족을 죽이고 황산벌 전투에 나간 계백은 마지막까지 신라와 맞서 싸우다 백제의 명장으로 최후를 맞았습니다.

알아 두세요

의자왕의 실정과 충신들의 죽음

의자왕이 처음에 왕위에 올랐을 때는 부패하고 능력 없는 중앙 귀족 관리들을 내쫓고 개혁을 단행했습니다. 직접 전쟁에 참가해 신라로부터 40여 성을 빼앗기도 했습니다. 642년에는 윤충에게 군사를 내 주어 대야성을 빼앗고, 고구려와 연합하여 신라가 당나라로 갈 수 있는 당항성까지 점령했습니다. 점점 승리에 취해 자만해진 의자왕은 승리의 기쁨에 자주 연회를 베풀었으며, 자신과 뜻이 맞지 않은 충신 성충과 흥수 등을 감옥에 보냈습니다. 충신들이 떠난 백제 왕실은 사치와 향락으로 뒤덮였으며, 그것이 백제 멸망의 길이 되었습니다.

▼ 황산벌 전투
삼국 시대 말기에 백제의 멸망을 가져온 전투라 할 수 있다.
황산벌은 지금의 충남 논산시 연산면 지역이다.

황산벌 전투

660년 신라가 당나라와 연합하여 백제에 쳐들어 왔습니다. 이때 계백은 지금의 충청남도 연산면에 해당하는 황산벌로 군사 5,000여 명을 이끌고 나갔습니다. 황산벌로 진격하는 연합군의 수는 무려 5만에 해당했습니다. 이미 가족까지 죽이고 전쟁터에 나온 계백은 죽기를 각오하고 싸웠습니다. 죽음을 각오하고 싸우는 백제군은 5만의 군사를 맞아 네 번의 전투를 벌여 모두 승리했습니다. 하지만 반굴은 백제 장수의 손에 죽고 맙니다. 다음으로 관창이 공격해 왔습니다. 관창을 사로잡은 계백은 열여섯 어린 관창을 죽일 수 없어 살려 보냈습니다. 하지만 관창은 다시 돌아와 계백과 싸우려 했습니다. 계백은 어쩔 수 없이 관창의 목을 베어 신라군으로 돌려보냈습니다. 어린 화랑들을 잃은 신라군은 매서운 공격을 퍼부었습니다. 백제도 온힘을 다해 신라에 맞섰지만 5,000의 군사가 5만의 군사를 당해 낼 수는 없었습니다. 결국 백제군은 계백을 비롯하여 모든 군사들이 전멸하고 말았습니다.

낙화암과 삼천 궁녀

부소산의 낙화암에 가면 삼천 궁녀가 뛰어내려 죽었다는 얘기가 전해내려 오고 있습니다. 이는 전쟁에서 패한 백제의 궁녀들이 연합군을 피해 달아나다가 백마강이 내려다보이는 낙화암까지 쫓겨 와 죽음을 결심한 데서 나온 얘기입니다. 궁녀들은 노비가 되느니 죽음을 택하는 것이 낫다고 생각하여 낙화암에서 뛰어내렸습니다.

실제 3,000명이나 되지는 않았지만 수많은 궁녀가 낙화암에서 뛰어내린 것이 삼천 궁녀로 전해지게 된 것입니다.

▶ 낙화암
충청남도 부여군 부여읍 부소산에 있는 바위.

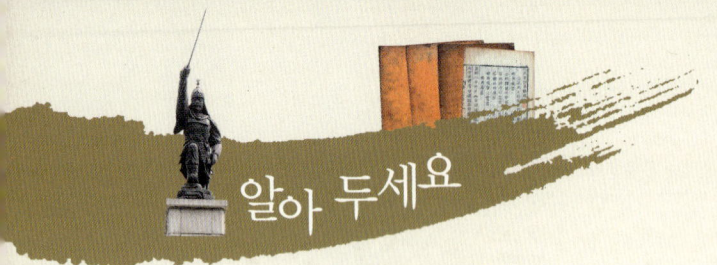
알아 두세요

관창(645~660)
품일 장군의 아들로 신라의 화랑이며 아버지를 따라 황산벌 전투에 참전했다가 아버지의 명을 받고 홀로 백제군에 뛰어들었습니다. 백제군에 붙잡혔지만 계백의 배려로 살아남은 관창은 살아남은 것이 화랑의 수치라고 생각하여 다시 백제군에 돌진하여 용감히 싸우다 계백에게 붙잡혀 결국 죽임을 당했습니다.

반굴(?~660)
각간 김흠순의 아들로 아버지의 명을 받고 관창보다 먼저 홀로 백제군과 전투를 벌이다 장열히 전사했습니다.

김흠순(?~?)
김유신의 동생으로 흠춘으로도 불렸으며, 태종 무열왕인 김춘추의 뒤를 이어 세 19세 풍월주가 되었습니다. 백제 정벌 때 김유신과 함께 신라 군사를 이끌었습니다. 백제 멸망 후 신라에 항거하는 백제 부흥군을 토벌하였습니다.

성충(?~656)
백제 말의 충신으로, 의자왕이 정사를 제대로 돌보지 않자 이를 충고하다 감옥에 갇혔습니다. 옥에 갇혀서도 나라 걱정만 하던 성충은 "머지않아 전쟁이 일어날 것이니 강 상류에서 적을 맞아 싸우고, 적군이 육로로 쳐들어오면 탄현을 넘지 못하게 하고, 수군은 기벌포에 못 들어오게 막아야 한다."고 의자왕에게 충언을 남기고 굶어 죽

▲ 성충

▲ 삼충사
백제의 충신인 성충, 흥수, 계백의 충절을 기리기 위해 세운 사당이다. 1957년에 세웠으며 1981년에 중건하였다. 매년 10월 백제 문화제 때 이곳에서 삼충제를 지낸다.

었습니다. 하지만 의자왕은 끝내 성충의 말을 듣지 않고 전쟁을 대비하지 못하다 660년 신라와 당나라가 연합하여 공격해 오자 성충의 말을 따르지 않은 것을 후회했습니다.

흥수(?~?)

백제 말의 충신으로, 660년 신라와 당나라가 연합하여 백제를 공격해 오자 의자왕은 지금의 전라남도 장흥에 해당하는 고마미지현에서 귀양살이를 하던 흥수에게 자문을 구했습니다. 흥수는 백강과 탄현의 길목을 지켜 당나라군이 백강을 넘지 못하게 하고, 신라군이 탄현을 넘지 못하게 해야 한다고 성충과 같은 뜻을 전했습니다. 하지만 의자왕은 당나라군을 백강으로 끌어들여 단번에 무찔러야 한다는 대신들의 말을 따르다 결국 나라를 빼앗기고 말았습니다.

▲ 흥수

| 부록 |

역사 속의 산책

5000년 전, 사람들은 어떤 모습으로 살았나 ● 옛 사람들이 남긴 흔적 ● 고조선에 이어 등장한 나라, 부여 ● 고구려와 닮은 나라, 옥저와 동예 ● 다양한 풍습을 가진 나라, 삼한 ● 고대국가의 제천의식 ● 철의 나라, 가야 ● 금관가야 ● 대가야 ● 가야의 철제품 ● 가야의 장송 의례 ● 백제의 꽃, 금동 대향로 ● 일본 속 백제

5000년 전, 사람들은 어떤 모습으로 살았나

인류가 처음으로 지구상에 등장했을 때는 지금과는 전혀 다른 모습이었습니다. 두 다리로 서고 손을 이용하여 도구를 만들어 내면서부터 발전에 가속도가 붙어 인류는 빠르게 진화하기 시작했습니다.

산이나 들에서 살며 하루하루 먹을 것을 구하던 사람들이 도구를 이용하여 사냥을 할 줄 알게 되었으며, 불을 발견하여 음식을 익혀 먹고 몸을 따뜻하게 했으며, 옷과 잠자리를 구하게 되었습니다.

인류가 처음 시작된 시대를 크게 석기 시대, 청동기, 철기 시대로 구분합니다. 석기 시대는 간석기와 신석기 시대로 나누는데 글자 그대로 구석기 시대는 뗀석기를 사용하던 인류, 신석기 시대는 간석기를 사용하던 인류, 청동기는 청동을, 철기는 철기를 만들어 사용하던 인류로 구분한 것입니다.

구석기 시대의 사람들은 주먹도끼, 긁개, 찍개 같은 뗀석기(바위를 떼어 만든 도구)로 사냥을 해 먹을 것을 구하고, 먹을 것이 있는 곳으로 이동하는 생활을 했습니다. 신석기 시대는 뗀석기보다 더 정교한 돌칼, 그물추, 갈돌과 갈판 등의 간석기(도구를 갈아서 만듦)를 만들어 사용했습니다. 그에 따라 인류의 생활 방식도 많이 달라졌습니다. 정착 생활을 하면서 그릇을 굽고, 농사를 지었으며 가축을 키우기 시작한 것입니다. 청동기 시대는 청동의 야금술(광석에서 금속을 골라내는 기술)이 발전하여 생활에 편리한 기구를 만들어 사용하였습니다. 계급 사회가 시작되었으

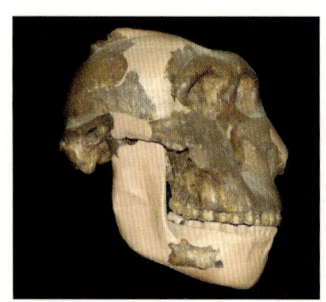
▲ 오스트랄로피테쿠스

▲ 호모 하빌리스

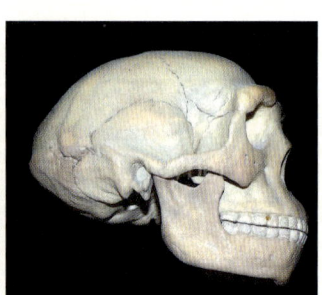
▲ 호모 에렉투스

▲ 창녕에 있는 남방식 고인돌

▶ 암사동 신석기 집터에서 나온 빗살무늬 토기

며 무기나 장식품으로 청동을 사용하기 시작했습니다. 철기 시대는 청동야금술뿐 아니라 철이 가지고 있는 특성을 이용하여 철을 만들어 낸 시대입니다. 인류의 생활이 현재와 비슷한 구조를 갖게 되고, 권력과 경제력을 갖춘 지도자가 나타나 무기와 힘으로 무장하여 주변부족을 대상으로 정복활동에 나섰습니다. 이처럼 인류는 진화에 진화를 거듭하여 발전하면서 현재의 모습에까지 이르게 되었습니다.

지금도 우리는 오늘을 살면서 진화하고 있으며 우리가 살고 있는 환경에 맞추어 발전해 가고 있습니다. 100년 후, 더 크게는 1억 년 후에 살게 될 우리의 후손들이 21세기를 살고 있는 우리를 어떤 모습으로 보게 될지 궁금하지 않을 수 없습니다.

〈부록〉 역사 속의 산책

옛 사람들이 남긴 흔적

원시 시대를 거치면서 인류는 많은 흔적들을 남겼습니다.

사냥을 하며 사용했던 도구나, 생활 속에 필요한 도구, 몸을 치장하는 데 썼던 장식품, 몸을 쉬게 하는 집 등 그들의 생활상을 엿보게 하는 유물이 발견되면서 인류에 대한 연구가 계속되고 있습니다.

▲ 연천 전곡리에서 출토된 구석기 시대 뗀석기

신석기 시대 간석기(무기) ▶

◀ 철기 문화 시대의 여러 가지 철제 농기구

청동기 시대 한국식 동검 ▶

구석기 시대	주먹도끼, 긁개, 찍개, 밀개, 찌르개 등.
신석기 시대	갈판, 갈돌, 돌낫, 곰배괭이, 송곳, 돌칼, 돌도끼, 돌화살촉, 그물추, 덧무늬 토기, 빗살무늬 토기 등.
청동기, 철기 시대	비파형 청동검, 청동거울, 가지방울, 거푸집, 간두령, 홈자귀, 바퀴날도끼, 돌도끼, 미송리식 토기, 돌널무덤, 고인돌, 명도전, 민무늬토기, 가지무늬 토기, 가지무늬 토기, 검은간토기 등.

고조선에 이어 등장한 나라, 부여

부여는 고조선에 이어 두 번째로 등장한 나라입니다. 기원은 분명하지 않지만 기원전 2세기경부터 기원후 1세기 초 중국의 사서에 자주 등장하였으므로 이 무렵 이미 연맹왕국으로 발전한 것으로 보입니다. 부여는 중국 송화강 유역의 평야지대로 3세기를 전후해서 넓은 영역을 확보하고 있었습니다. 고구려와도 가까웠으며 부여의 초기 정치 체계는 부족연맹체적인 성격을 지녔습니다. 기원후 49년에 부여의 왕이 후한 광무제에게 사신을 보냈는데 이때부터 왕이라는 칭호를 사용하였던 것으로 보입니다. 그러나 왕의 존재는 부족연맹체 내에서 선출된 수장에 불과하였고 2세기 초를 지나면서 왕의 권한이 강화되기 시작하였습니다. 이후 선출에 의해서가 아니라 부자계승으로 왕권이 이어져 나갔습니다. 왕 밑에는 마가馬加, 우가牛加, 구가狗加, 저가豬加, 견사犬使, 사자使者 등의 관직이 있었습니다. '가加'는 독자적인 세력기반을 지닌 족장의 성격을 지녔습니다. 부여의 대가大加는 수천 호를, 소가小加는 수백 호를 다스렸습니다. 부여는 고구려에 멸망하면서 역사 속에 묻히게 되었지만 700여 년이라는 기간은 한민족사에서 차지하는 비중

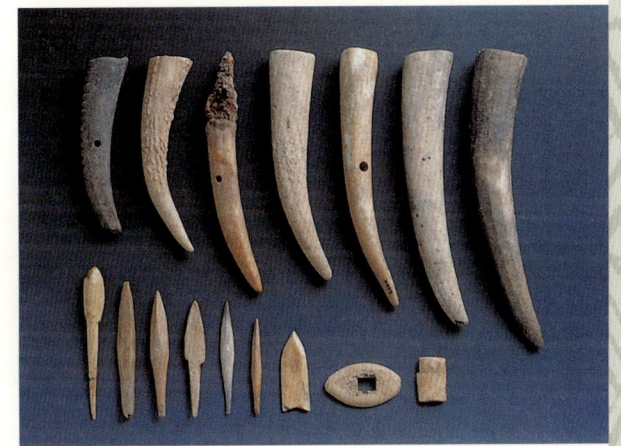

▲ 칼자루와 뼈살촉

이 결코 작지 않았으며, 고구려와 백제가 부여의 후손이라는 것만으로도 의미가 있습니다.

고구려와 닮은 나라, 옥저와 동예

옥저는 함경도 해안 지방에 있었던 나라입니다. 바다 근처에 있던 나라로 해산물이 많이 나고 소금을 만들었습니다. 옥저 사람들은 고구려 사람들과 비슷한 점이

〈부록〉 역사 속의 산책

많았습니다. 음식과 옷, 일상생활도 비슷했습니다. 그러나 결혼 풍습은 달랐습니다. 고구려는 데릴사위제도라고 하여 신랑이 신부 집에 가서 살았습니다. 반대로 옥저는 신부가 열 살이 되면 약혼을 하고 신랑 집에 가서 어른이 될 때까지 살다가, 신랑이 신부의 몸값을 치르면 결혼을 하는 민며느리 제도가 있었습니다.

동예는 강원도 북부 지방에 있던 나라입니다. 언어와 풍습이 옥저나 고구려와 비슷했습니다. 동예의 활과 말은 유명해서 중국에까지 소문이 날 정도였습니다. 동예의 말을 '과하마'라고 했는데 '과일나무 밑으로 지나갈 수 있을 만큼 작은 말'이라는 뜻이었습니다. 동예의 말은 작지만 튼튼하고 순하기까지 해서 다루기 좋았습니다.

옥저와 동예는 강한 나라로 성장하지는 못했습니다. 후에 고구려의 지배를 받다가 고구려의 일부가 되었습니다.

다양한 풍습을 가진 나라, 삼한

기원전 2세기 부여가 성립될 무렵, 한반도의 남쪽에는 '한韓'이라 불리는 정치적 집단이 등장하였습니다. 마한, 진한, 변한으로 나뉘는 이 한족의 기원이 언제부터인가는 명확하지 않지만 기원전 2세기 초 중국사서에 처음 등장하기 시작했습니다.

삼한의 존재는 국가의 형성과 기원이 언제, 어떻게 이루어졌는가를 연구하는 데 중요한 실마리를 제공해 줍니다. 삼한은 각기 다른 이름을 가진 사회조직임에도 불구하고 같은 언어와 유사한 문화를 지녔습니다. 일상적인 의식주나 종교의식 등이 하나의 문화권임을 보여 줍니다. 삼한 소국으로는 마한 50여 개, 진한과 변한 각 12개씩의 이름이 〈삼국지〉'위지 동이전'에 전하고 있습니다. 각 소국에는 소도라는 별읍이 있어 큰 나무를 세우고 방울과 북을 달아 귀신을 섬겼다는 기록이 있는데 죄를 지은 자가 이곳으로 도피하면 잡아갈 수 없었다고 합니다. 이것은 재래의 공동체적 질서와 계급분화를 기반으로 한 새로운 지배 질서 사이의 마찰을 줄이는 역할을 한 것입니다. 소와 말을 순장하는 풍속이 있었으며, 변한에서는 큰 새의 깃털을 이용하여 사망자의 승천을 빌기도 했습니다.

고대국가의 제천의식

고대국가 여러 나라들은 해마다 하늘에 제사를 지내곤 했습니다. 대부분 농사를 지었기 때문에 좋은 날씨를 기원하면서 풍년을 소원하였던 것입니다. 나라마다 제사를 지내는 시기나 이름은 조금씩 달랐지만 노래와 춤으로 잔치를 벌이며 온 나라 사람들의 마음을 하나로 뭉치게 하는 기회가 되었으며 종교적인 의식이 강했습니다. 이러한 제천행사는 고려 시대에 계승되어 '팔관회'가 되었습니다. 오늘날 단오나 한가위도 이런 제천의식에서 비롯된 것입니다.

▲ 고대 영토 입체 지도

철의 나라, 가야

가야는 562년 신라의 공격을 받아 대가야가 멸망할 때까지 고구려, 백제, 신라와 더불어 700여 년의 시간 동안 한반도를 지키고 있던 변한 지역의 나라들입니다. 변한의 모습을 기록한 중국의 역사서 〈삼국지〉에 따르면 변한 지역에는 12개의

고구려	동맹	10월	전체 부족이 한 자리에 모여 국정을 의논하고 시조인 주몽 신에게 제사를 지냈다.
부여	영고	12월	온 나라 백성이 한데 모여서 하늘에 제사를 지내고 회의를 열었는데, 의식 직전에 '맞이굿'을 벌였다.
동예	무천	10월	하늘에 제사를 지내고 춤과 노래로 즐겼다.
삼한	*	5월, 10월	소도라는 제사를 드리는 신성한 장소가 있었는데, 이곳에 나무를 세우고 방울과 북을 달아 놓았다.

〈부록〉 역사 속의 산책

나라가 있었다고 전해집니다. 구야국, 감로국, 반로국, 미리미동국, 접도국, 주조마국, 고순시국, 안야국, 미오야마국, 고자미동국, 독로국, 낙노국 등의 12개 나라가 전기 가야 연맹을 이루는 나라들입니다. 그 중 김해 지방에 자리 잡은 구야국은 전기 가야 연맹을 이끈 금관가야로 발전했습니다. 가야는 철이 풍부하여 일찍부터 성장하였지만 마한을 통합한 백제나 진한을 통합한 신라처럼 어느 한 세력에 통합되어 세력을 확장시키지 못하였습니다. 그리하여 초기에는 금관가야, 후기에는 대가야 세력이 중심이 되다가 6세기 중엽 신라에 복속되었습니다.

　신라와 백제 사이에 위치해 있던 가야는 10개가 넘는 소국이 모여 만든 연맹왕국으로 철의 나라라 불립니다. 농업과 어업도 발달하였지만 무엇보다 철 산업이 발달한 나라였습니다.

금관가야

▲ 가야 무덤
대가야의 도읍이었던 경북 고령 지산동 고분군.

　김수로왕이 세운 나라로 1~4세기까지 가야 연맹을 이끈 대표적 가야 왕국입니다. 금관가야는 김해 지방을 중심으로 발달한 나라로 김해 지방은 철광석이 풍부하고 낙동강 하류에 위치해 있어서 바다와 육지를 연결하는 교통의 중심지 역할을 했습니다. 강을 타고 바다로 나가면 낙랑과 마한, 동예, 왜까지 갈 수 있었으며, 강을 거슬러 오르면 경상 남북도 내륙까지 갈 수 있었습니다. 농기구와 무기 등을 만들 수 있는 철광석이 풍부하고 바다와 내륙을 잇는 교통의 중심지로 금관가야는 가야 연맹을 이끌며 신라와 대등한 위치의 나라로 성장했습니다.

하지만 4세기 후반인 391년 고구려의 광개토왕이 백제를 집중 공격하면서 가야는 위험에 처합니다. 약소국이었던 신라가 고구려 편에 섰고, 가야는 백제와의 교류에 주력했습니다. 400년 신라는 고구려에 청하여 신라에 침략한 왜를 물리쳐 줄 것을 요청했습니다. 고구려는 신라의 요청을 받아들여 왜를 정벌하기 시작했는데 이때 왜와 밀접한 관계를 맺고 무역을 벌이고 있던 가야지역까지 공격을 당했습니다. 이때부터 금관가야를 중심으로 한 가야 연맹의 힘은 약해졌고, 가야 소국들은 뿔뿔이 흩어져 여러 나라로 나뉘었습니다.

대가야

대가야는 고령 지방을 중심으로 발달한 나라로 5세기 중·후반서부터 후기 가야 연맹을 이끌었습니다. 대가야가 성장할 수 있었던 것은 고구려의 침입으로 금관가야의 철기와 토기 기술자들이 주변 소국들로 흩어지면서 고령지방 주변의 소국들이 그 덕을 본 것입니다. 고령지방 주변에 있던 소국들은 농경생활을 하던 나라들로 철기와 토기 기술자들에 의해 농경기구의 발전과 함께 사회도 빠르게 발전하기 시작했습니다. 신라와 대등한 위치에 있던 금관가야가 힘을 잃은 반면, 신라는 점점 강한 나라가 되어갔습니다.

더욱이 돈독한 외교 관계를 맺고 있던 백제는 고구려의 침입으로 세력이 많이 약화되었습니다. 이에 가야 연맹은 새로운 결속을 다지게 되었는데 그 중심에 대가야가 있었습니다. 금관가야의 선진문물을

▲ 가야의 철제 갑옷과 투구

▲ 가야 시대 귀고리
금판을 이어 붙여 중심고리로 굵은 고리를 만든 굵은 고리 귀고리다. 구형과 반구형의 장식이 달린 귀고리는 주로 신라지역에서 출토된다.

받아들인 대가야는 당시 선진국이었던 중국 제나라에 사신을 보내는 등 외교관계를 넓혀 갔습니다. 덕분에 대가야는 고구려, 백제, 신라보다 훨씬 작은 나라였지만 제나라로부터 '보국장군본국왕'이라는 칭호를 받으며, 당당히 고구려, 백제, 신라와 함께 한반도의 한 국가로 인정받았습니다. 하지만 고구려를 위협할 정도로 성장한 신라에 의해 대가야는 역사 속으로 사라졌습니다.

가야의 철제품

김해 지방과 고령 지방 등 가야에는 철을 생산할 수 있는 철광석이 풍부했습니다. 가야에서 생산된 철은 신라와 백제뿐만 아니라 바다 건너 왜까지 수출됐습니다. 갑옷, 투구, 창, 화살촉 등 철을 바탕으로 하여 다른 나라보다 뛰어난 철제 무기들을 만들었습니다. 또한 철광석을 용광로에 녹여 철만 추출해 덩이쇠를 만들기도 했습니다. 덩이쇠는 일정한 모양과 크기로 만든 쇳덩이로 그것을 통해 여러 가지 철제품을 만들 수도 있고, 일정한 모양과 크기가 정해져 있기 때문에 화폐로도 사

▲ 가야 시대 수레바퀴 토기

▲ 가야 시대 화로 모양의 토기

▲ 백제 금동 대향로

용됐습니다.

가야의 장송 의례

가야 사람들은 사람이 죽으면 하늘로 올라간다고 믿었습니다. 때문에 시신을 장지로 보내는 장송 의례 때 가야 사람들은 무덤에 깃털을 함께 묻었다고 합니다. 새의 깃털을 가지고 하늘로 쉽게 날아올라 가라는 의미입니다. 깃털뿐만 아니라 새 무늬를 새긴 청동기나 오리 모양의 토기를 넣어 죽은 사람이 하늘로 가는 길을 도왔습니다. 또한 짚신이나 수레바퀴 모양의 토기를 묻기도 했는데 이것들도 죽은 사람의 저승길을 돕는 의미를 담고 있습니다.

백제의 꽃, 금동 대향로

백제는 열린 나라였습니다. 중국과의 무역을 통해 선진 문물을 받아들이고, 왜에 선진 문물을 전하며 조화롭고 아름다운 문화를 발전시킨 나라입니다.

백제 유물의 꽃이라 불릴 수 있는 '백제 금동 대향로'는 백제의 조화로움과 아름다움을 볼 수 있는 대표적 유물입니다.

▲ 백제 청동 불상

향로는 종교 의식 때 향을 피우기 위해 쓰이는 물건입니다. 향은 신선이 살고 있는 산속에 피는 꽃의 향기를 일컫습니다. 향을 피우는 것은 나쁜 기운을 없애고, 좋은 일을 바라기 위해서입니다. '백제 금동 대향로'가 단순한 향로의 의미를 벗어나 백제 문화의 꽃으로 불릴 수 있는 것은 불교와 도교의 조화로움 때문입니다. '백제 금동 대향로'는 화려하게 장식되어 있는데 몸체를 떠받들고 있는 받침대는 하늘로 향하는 용의 모습을 하고 있고, 몸체는 불교를 상징

하는 연꽃 모양을 하고 있으며, 꽃잎마다 상
서로운 동물이 하나씩 붙어 있습니다. 뚜껑
은 마치 신선 세계를 표현한 듯 산봉우리 수
십 개에 나무와 풀, 새와 동물, 사람과 선인
의 모습이 표현돼 있어 도교를 상징하고 있
습니다. 마지막으로 뚜껑의 제일 윗부분은
봉황이 자리 잡고 있어 바다의 용과 하늘의
봉황이 향로의 아래와 위에서 조화를 이루
고 있습니다.

▲ 백제 왕실에서 쓰던 장식품

　백제는 침류왕 원년인 384년에 불교를 크게 발전시켰습니다. 왜에 불교를 전파한 나라도 백제였습니다. 신라의 가장 큰 절인 황룡사가 2만 5천 평 규모이지만 백제의 미륵사는 무려 5만 평에 이르는 큰 절을 지어 불교의 이상 세계가 백제에 찾아오기를 바랐습니다. 이처럼 불교가 백제의 큰 종교로 자리했지만 도교 또한 배척하지 않고 두 종교의 조화를 꿈꿨습니다. 불교와 도교를 백제에 전파한 중국은 두 종교의 충돌로 많은 갈등을 겪었지만 백제는 조화를 통해 새로운 이상 세계를 꿈꾼 것입니다.

일본 속 백제

　한반도에 백제와 고구려, 신라, 가야 등이 국가를 형성하여 발전하고 있을 때 일본은 통일 국가를 형성하지 못했습니다. 때문에 문물이 크게 발전하지 못했습니다. 일본의 문화는 주로 백제와 가야의 영향을 많이 받았습니다. '마쓰리' 라는 축제는 일본에 대한 백제의 영향력을 잘 보여 주는 축제입니다. 이 축제는 왕인과 아직기 등 백제의 학자들이 일본에 천자문과 유교 경전 등을 전파한 것을 기념하기 위한 것입니다.